Pierre Porte

L'ABC du dessin

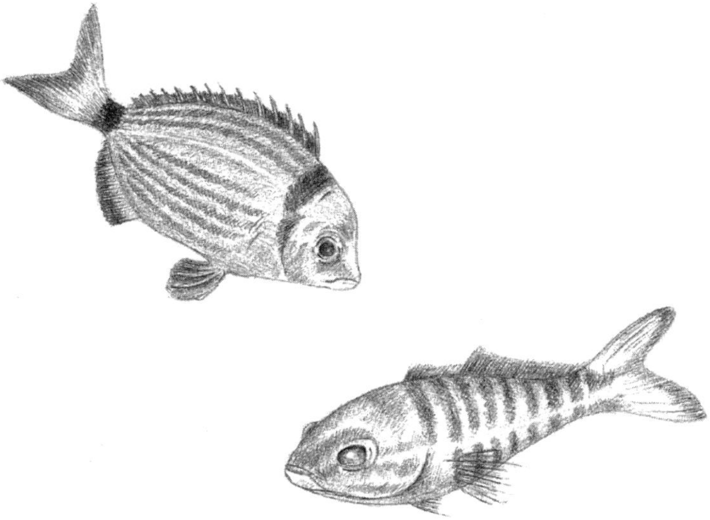

Nathan

Dessinateurs en herbe, à vos crayons !
Voici, simplement expliquées, quelques règles de base indispensables à la réussite de vos œuvres.
Grâce à ce livre, vous apprendrez bien vite comment construire votre dessin, placer la perspective, modeler les ombres ou encore choisir le «traitement» le plus adapté : crayon, plume, etc.
Des exemples très variés (personnages, paysages, objets, animaux) vous montreront clairement comment progresser à pas de géant !
Mais attention : les règles ne font pas tout. L'ABC du dessin n'est là que pour vous permettre, une fois les bases acquises, de laisser libre cours à votre inspiration...

CONSTRUIRE UN DESSIN

Organisez votre dessin en fonction de ce que vous souhaitez représenter. Voici trois exemples de construction :

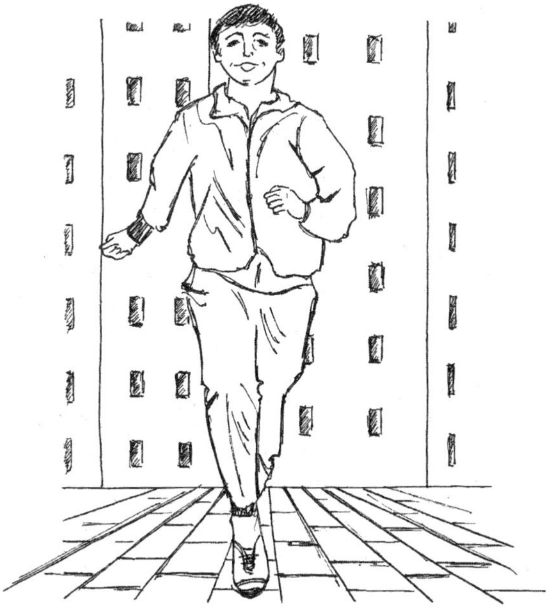

— le dessin ci-contre fait apparaître avant tout le personnage, les constructions du second plan ne constituant qu'un fond ;

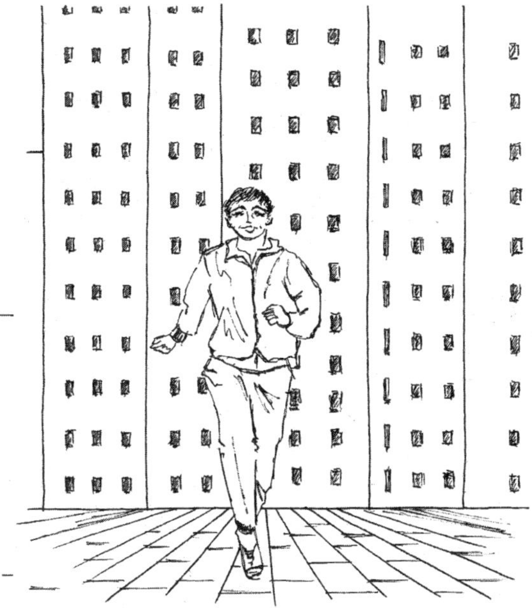

— dans le deuxième dessin, le rapport entre le personnage et les bâtiments est équilibré ;

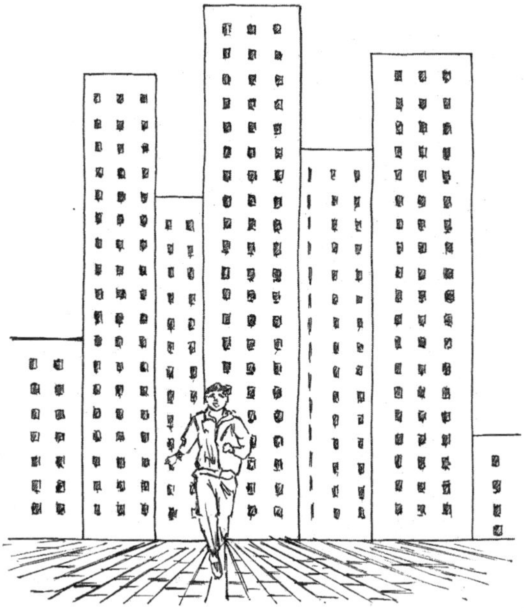

— dans le troisième, en revanche, la dimension du personnage a été volontairement réduite, faisant ressortir la masse des immeubles.

LA PERSPECTIVE
Une question de «point de vue»

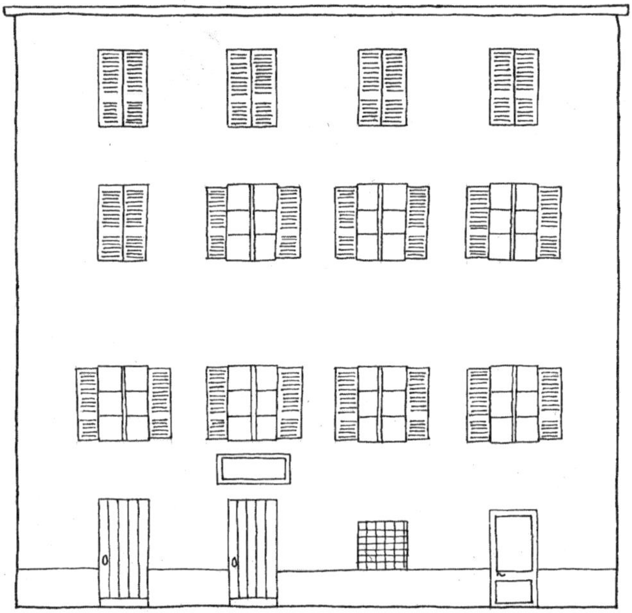

Voici deux manières de voir la même maison.

Le dessin ci-contre n'en laisse voir que la façade «à plat». Il ne comporte aucune ligne en perspective.

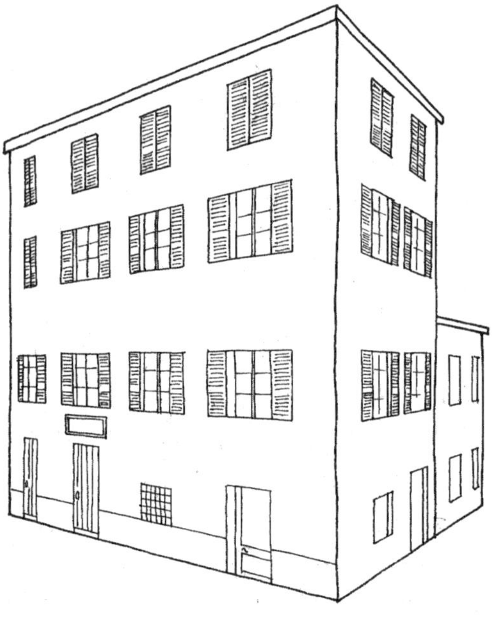

Dans ce dessin, en revanche, l'application des règles de la perspective est indispensable compte tenu de l'angle choisi. Toutes les lignes horizontales de la maison (bords supérieurs et inférieurs des fenêtres, des portes, du toit, etc.) se rejoignent si on les prolonge sur une ligne d'horizon imaginaire, que l'on situe à hauteur de la partie supérieure du premier étage.

LA PERSPECTIVE

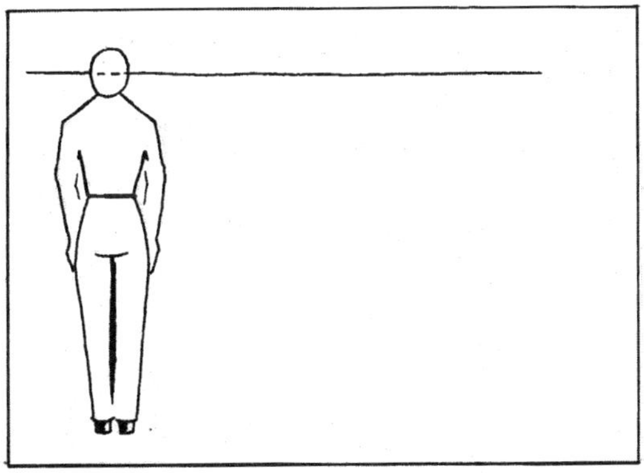

Pour définir la perspective d'un dessin, la première chose à faire est de tracer la ligne d'horizon. Mais qu'est-ce donc ?
Il s'agit d'une ligne horizontale qui servira de base au dessin. C'est, par exemple, la ligne visible la plus éloignée qui sépare la mer du ciel quand on se trouve sur une plage.

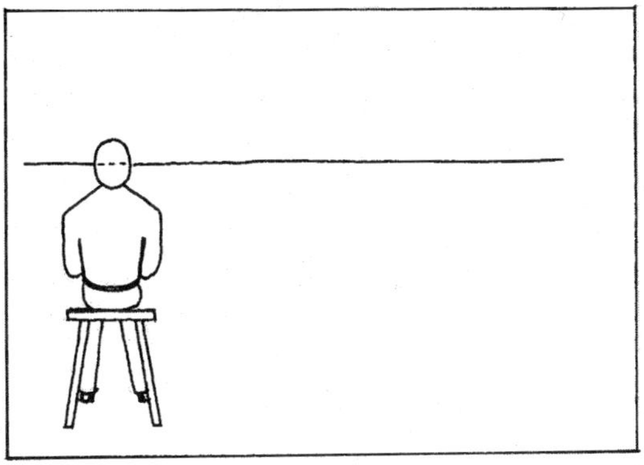

A quelle hauteur la placer ?
La ligne d'horizon se situe à la hauteur des yeux : elle ne se trouvera donc pas au même niveau selon que l'on regardera un paysage debout, assis ou couché.

C'est ce que démontrent ces trois dessins.

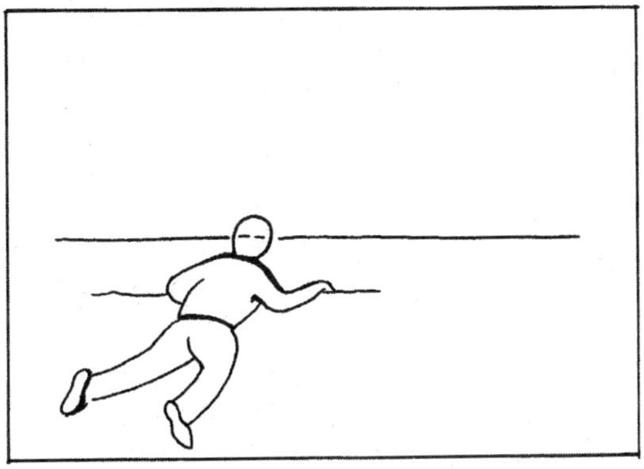

LA PERSPECTIVE
Quelques exemples

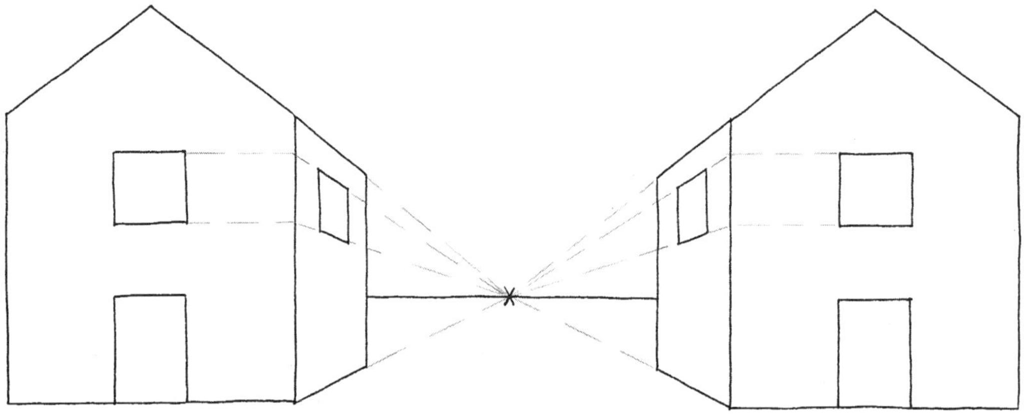

Lorsque l'on se place entre ces deux maisons, debout, à égale distance de l'une et de l'autre, on observe que, si l'on prolonge les lignes de chacune des façades, elles se rejoignent toutes au milieu de la ligne d'horizon.

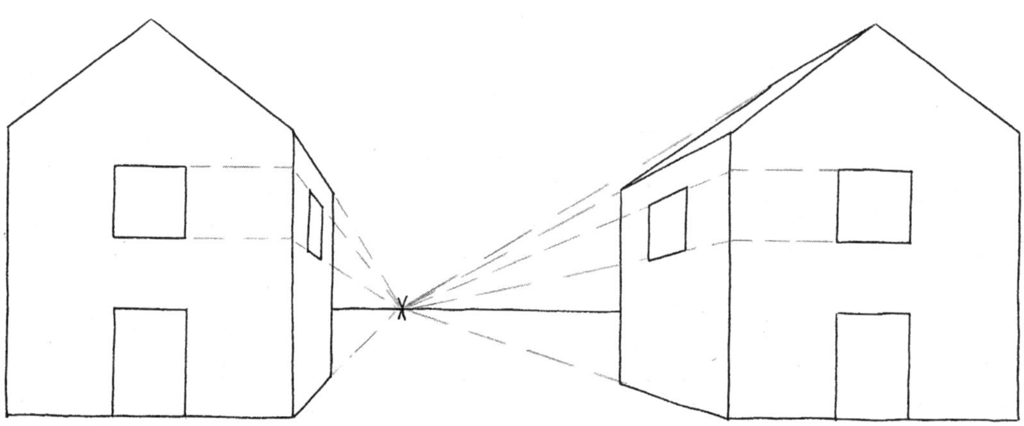

Quelques pas vers la gauche, et la perspective est modifiée : la façade de la maison de gauche devient moins visible alors que celle de droite apparaît plus complètement, son toit devenant visible.

LA PERSPECTIVE

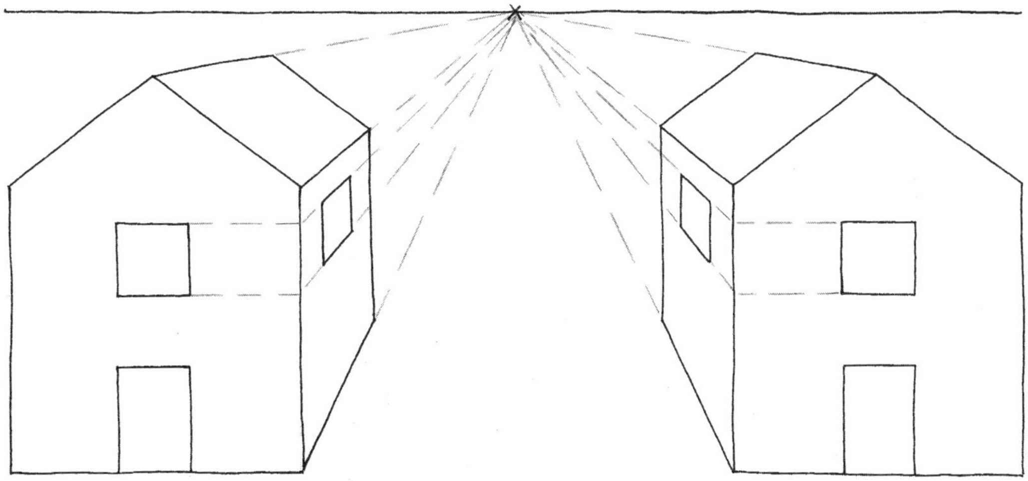

Lorsque l'on se place de nouveau à égale distance des deux maisons, mais cette fois au troisième étage d'un immeuble, on observe que la ligne d'horizon se situe beaucoup plus haut. La perspective est modifiée : les deux toitures deviennent visibles.

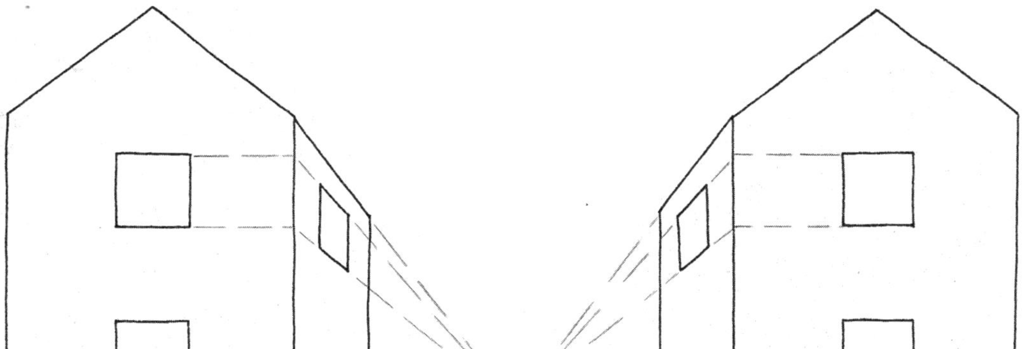

Enfin, si l'on se place au niveau du sol, l'horizon apparaît presque à la base des maisons dont la forme se trouve à nouveau modifiée.

LA SYMÉTRIE

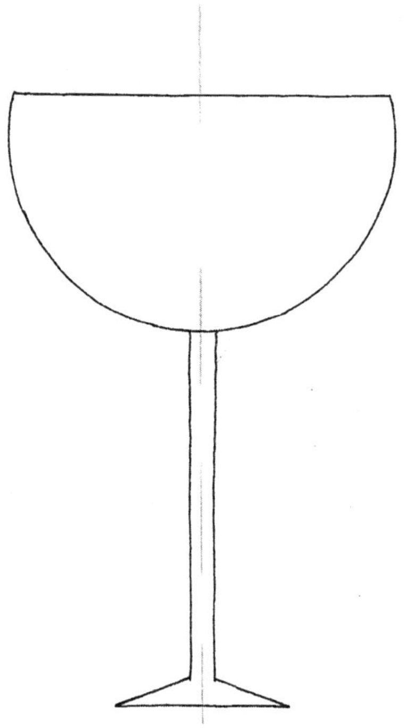

Un mot un peu difficile... Un simple dessin aide à mieux le comprendre : la ligne verticale qui sépare la partie gauche et la partie droite de ce verre est placée exactement au milieu.

Si vous reproduisez ce dessin sur un papier-calque et que vous le pliez en-suite en suivant cette ligne, vous observerez que la partie gauche et la partie droite se superposent parfaitement : elles sont «symétriques».

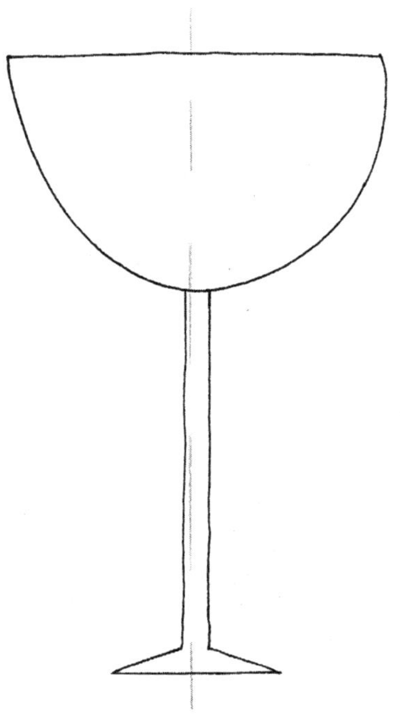

En revanche, le second dessin n'est pas symétrique : le verre est «bancal» et le même pliage vous montrera que la partie gauche et la partie droite ne se superposent pas.

LA SYMÉTRIE

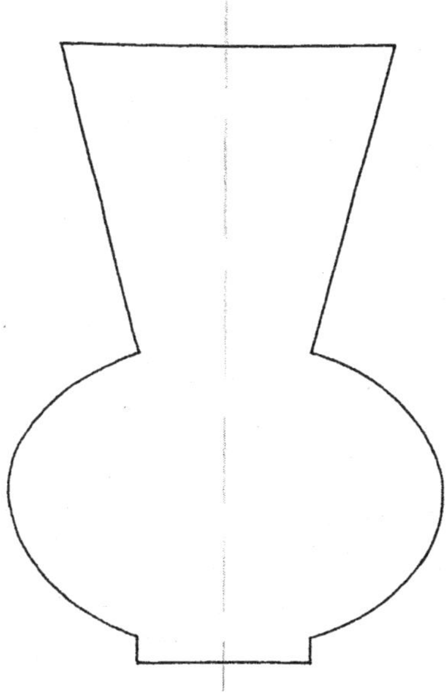

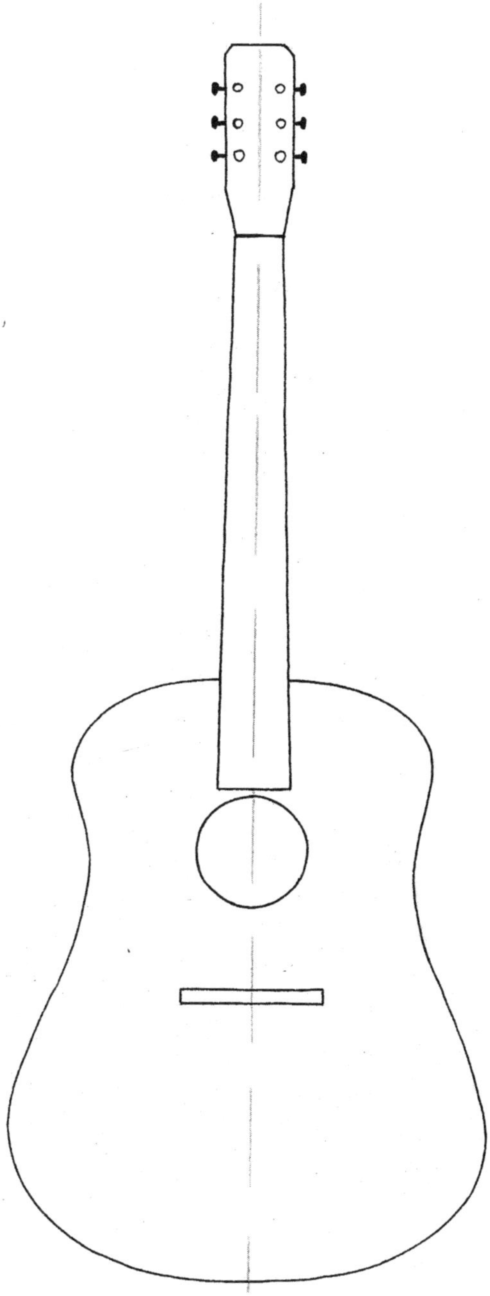

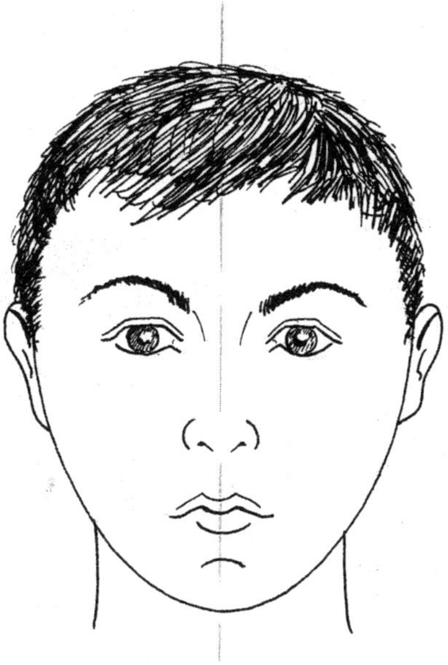

Voici trois dessins dans lesquels apparaît cette notion de symétrie. La symétrie peut aider à construire le dessin des objets. Mais un visage n'est pas forcément symétrique.

AGRANDIR OU RÉDUIRE UN DESSIN

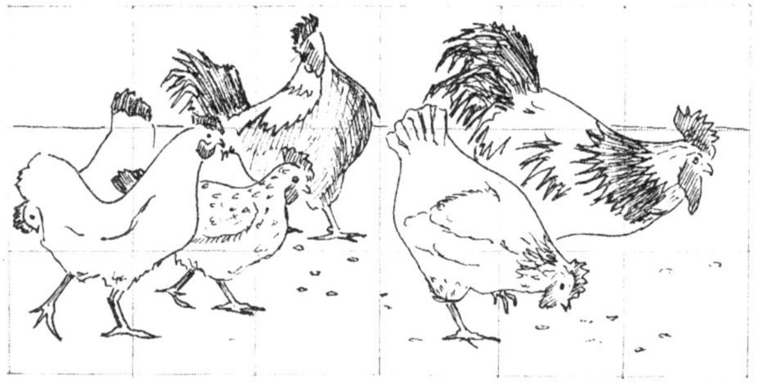

Le quadrillage est un moyen pratique de reproduire exactement l'un de vos dessins en l'agrandissant ou en le réduisant.

Il suffit pour cela de tracer sur le dessin de base un ensemble de carrés ; reproduire ensuite cette grille, agrandie ou réduite ; et, enfin, reconstituer le dessin zone par zone.

On peut également utiliser cette technique pour fignoler les détails d'un dessin à partir d'une esquisse.
Il faut, dans tous les cas, que le quadrillage soit tracé légèrement, de manière à être facilement effacé ensuite.

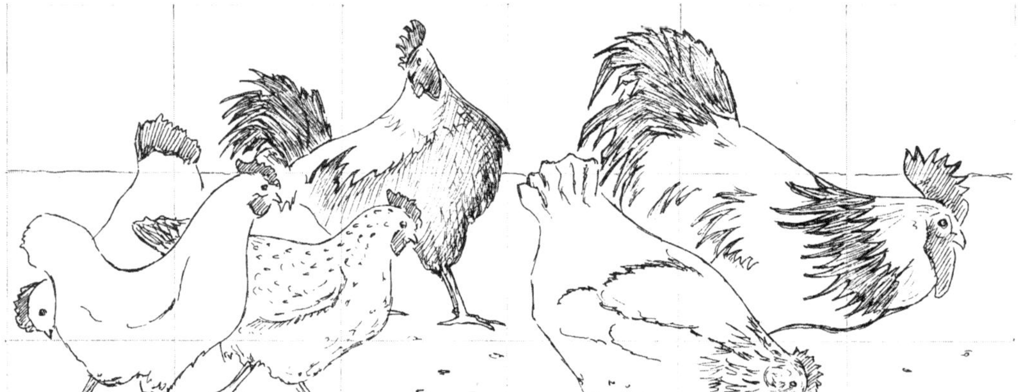

REPÉRER LES FORMES

1

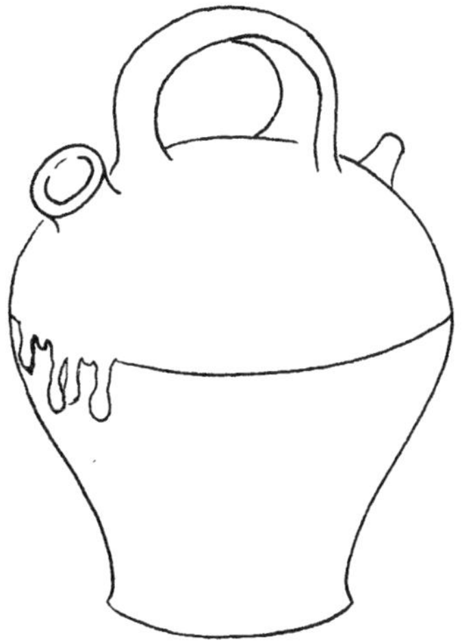

Avant de dessiner, il faut bien observer le sujet choisi. Dans un premier temps, essayer de ne voir que la forme générale, en ne tenant pas compte des détails qui seront examinés par la suite.

Dans cet exemple, la figure 1 fait apparaître ces grands traits de construction de la cruche que l'on appelle «lignes de force» : elles servent de «base» au dessin 2.

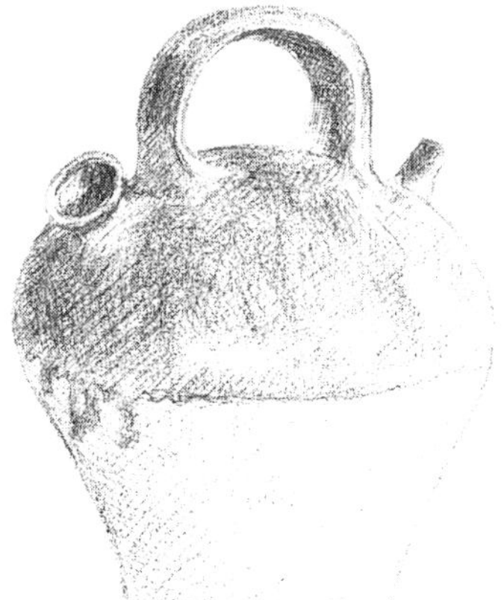

2

DESSINER À LA PLUME

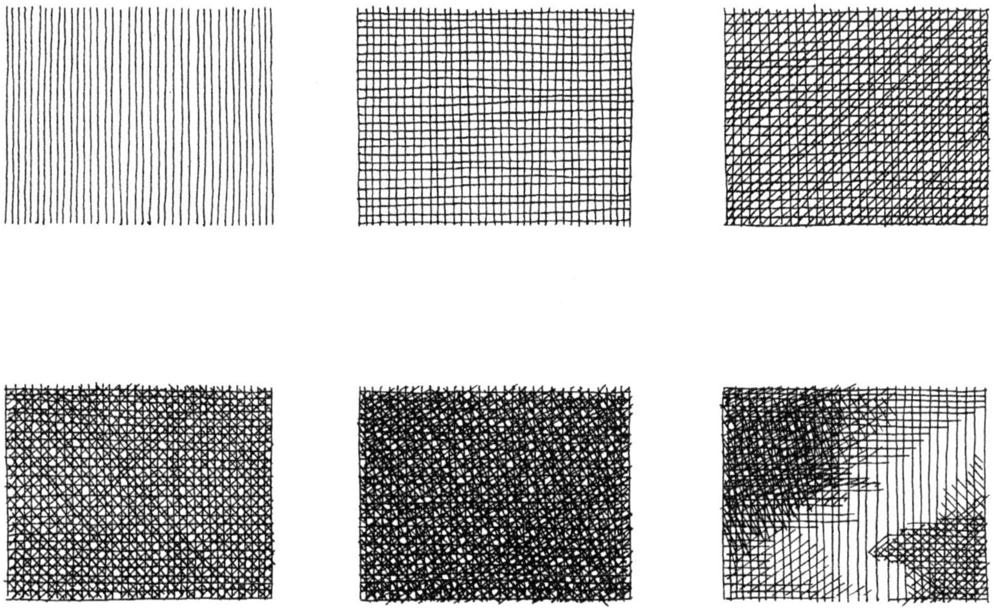

Dans un dessin à la plume, ce sont la forme et la densité des traits qui créent les nuances de ton, clair ou foncé. On peut obtenir des nuances de gris de plus en plus soutenu, comme dans les exemples ci-dessus.

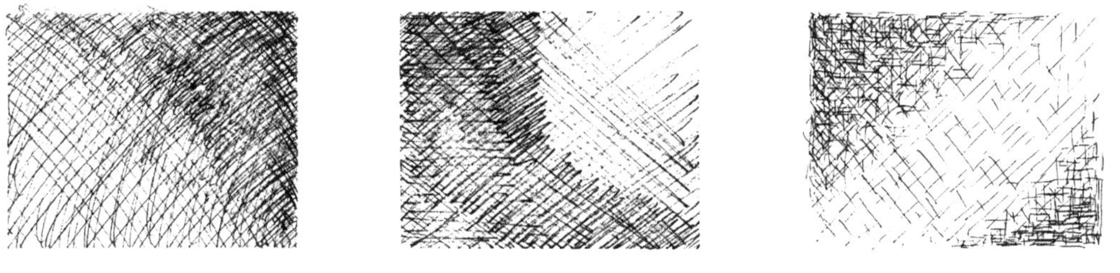

Voici d'autres techniques : dans le premier cas, des lignes courbes, dans le deuxième cas, un mouvement de va-et-vient de la plume qui ne quitte pas la surface du papier et, enfin, une succession de traits interrompus qui se croisent.

LES DESSINS À LA PLUME

Trois dessins à la plume, trois procédés différents.

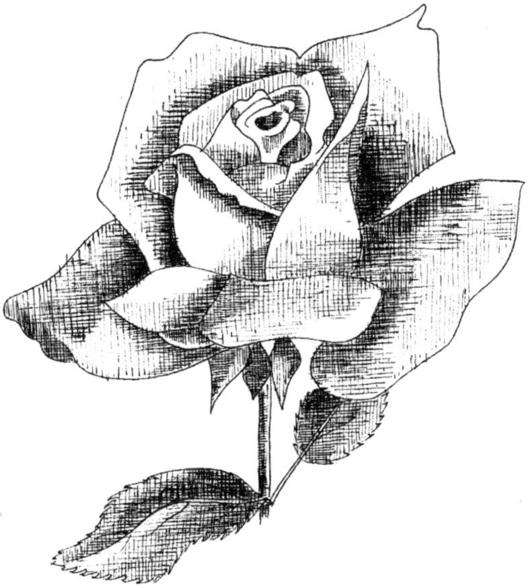

Pour la rose, les traits s'entrecroisent d'une façon presque géométrique.

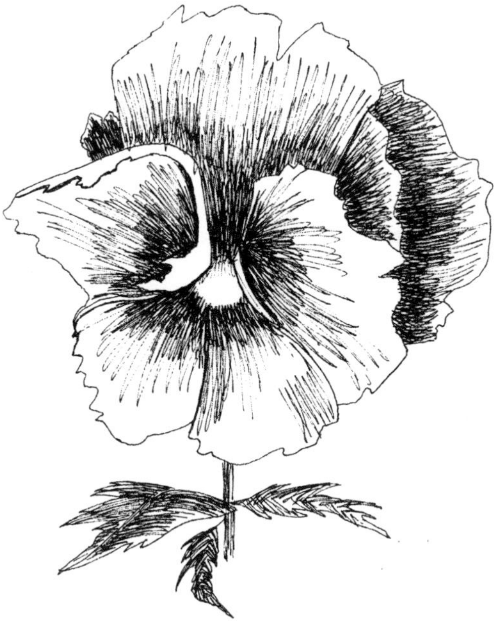

Le dessin de la pensée est plus «enlevé» grâce à un rapide mouvement de va-et-vient de la plume.

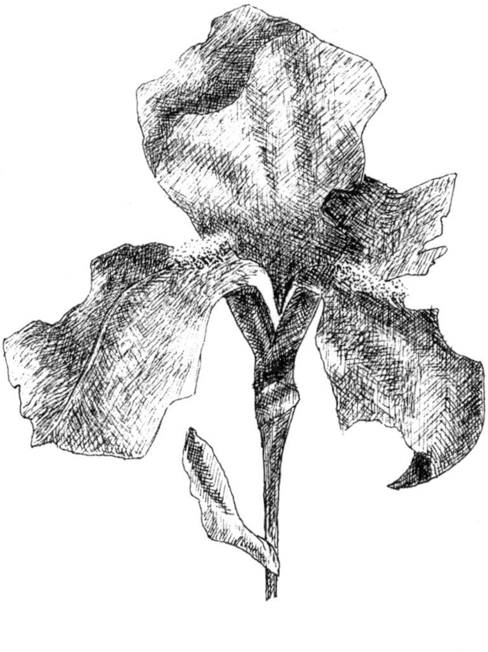

Enfin, l'iris est constitué d'un ensemble de traits courts et légers se recoupant sous plusieurs angles.

LES OMBRES

L'apport des ombres modifie complètement l'apparence d'un dessin : avec des ombres, un simple cercle devient une sphère.

Plusieurs moyens existent pour y parvenir.

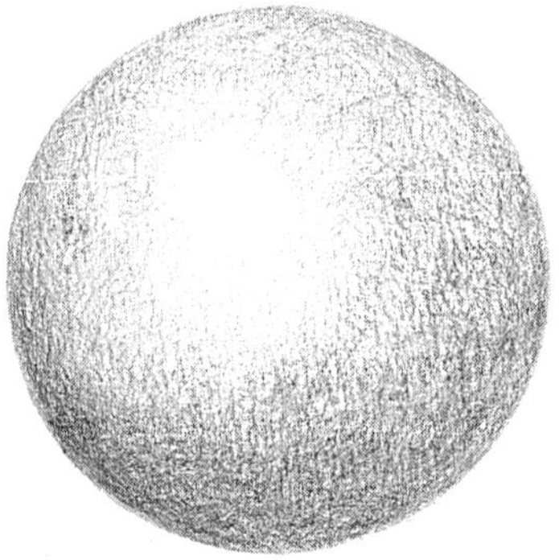

Pour ce dessin, l'ombre est faite avec un crayon dont la mine sera tenue très «à plat».

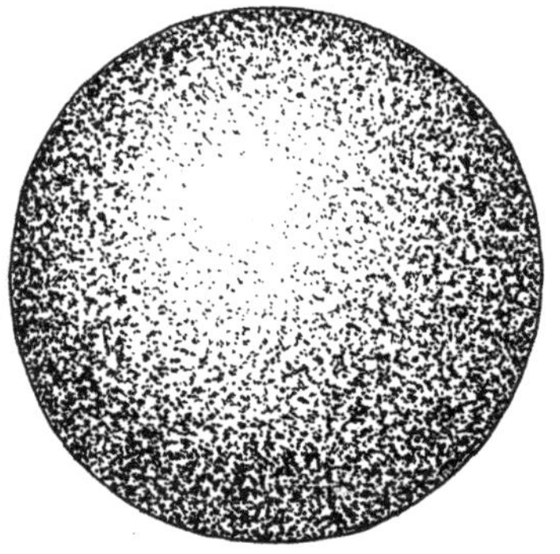

Cette sphère a été réalisée avec de l'encre, grâce à une multitude de petits points plus ou moins rapprochés.

LES OMBRES

Le premier dessin de chacune de ces deux séries fait apparaître bien sûr une pomme et une poire... mais il manque quelque chose ! Ces deux fruits semblent en effet bien «plats». L'apparition des ombres permet de traduire leur rondeur habituelle, de leur donner du volume.

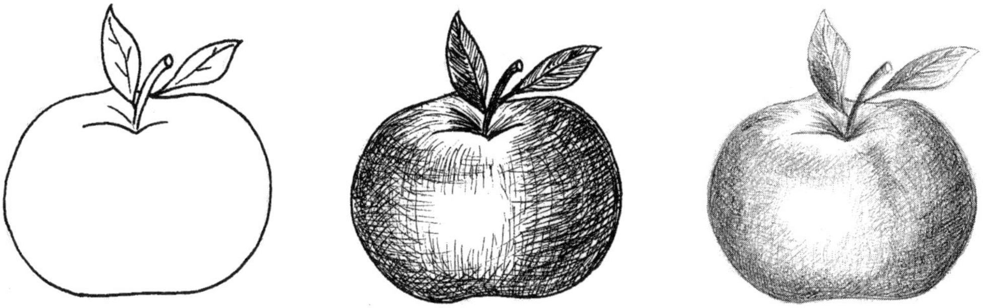

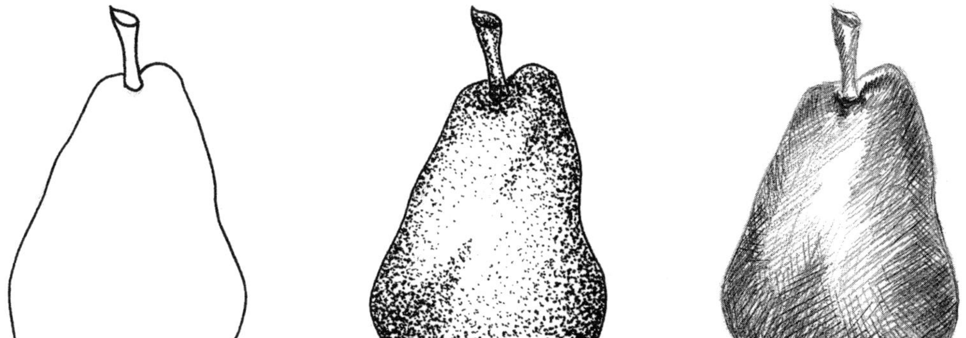

Les ombres peuvent être traitées à l'encre : soit, comme la pomme, avec des traits accusés, soit selon le procédé des petits points utilisé pour la poire. Au crayon, les ombres peuvent être fondues (la pomme), ou laisser apparaître les traits (la poire).

LES OMBRES

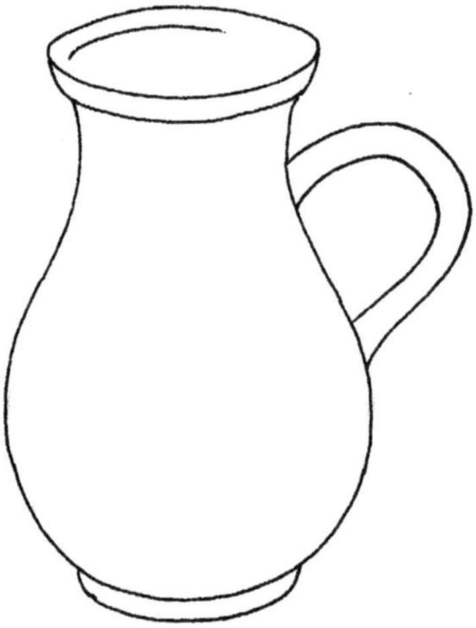

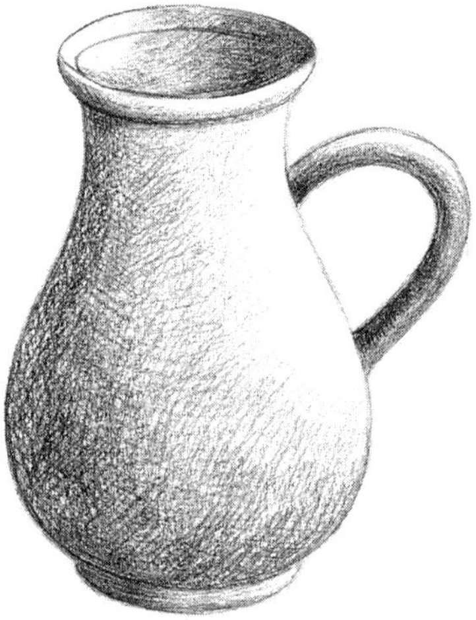

Voici un objet dont la forme, plus régulière, permettra d'étudier non seulement le dessin des ombres, mais également la symétrie.

Ce modèle n'est qu'un exemple ; plutôt que de le copier, il est préférable de s'exercer en utilisant un autre objet que l'on trouvera facilement chez soi, en s'efforçant d'en respecter la forme et de placer convenablement les ombres.

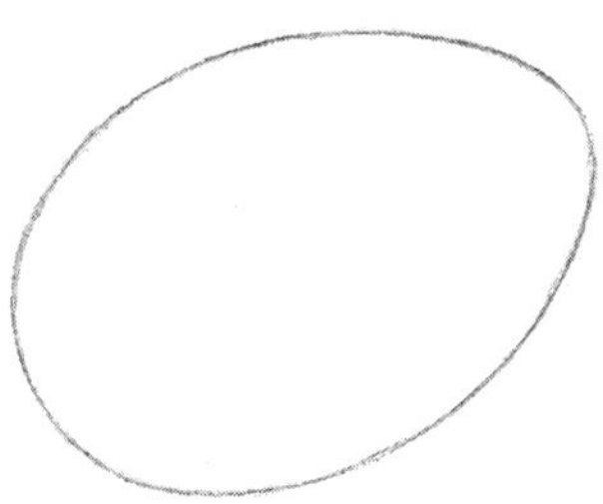

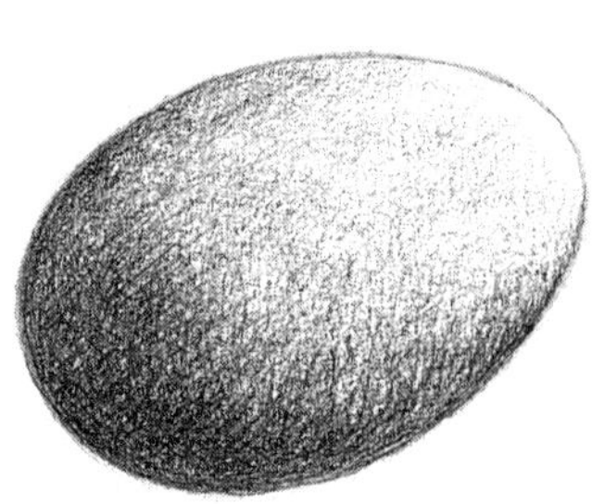

Dessiner un œuf constitue un exercice intéressant pour la répartition de la lumière et de l'ombre.

LES OMBRES

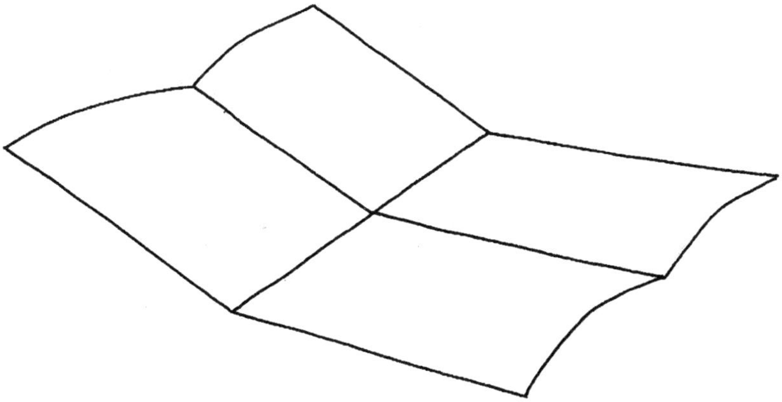

Autre exemple très simple : ces deux dessins représentent une feuille de papier dépliée, mais les ombres les rendent très différents.

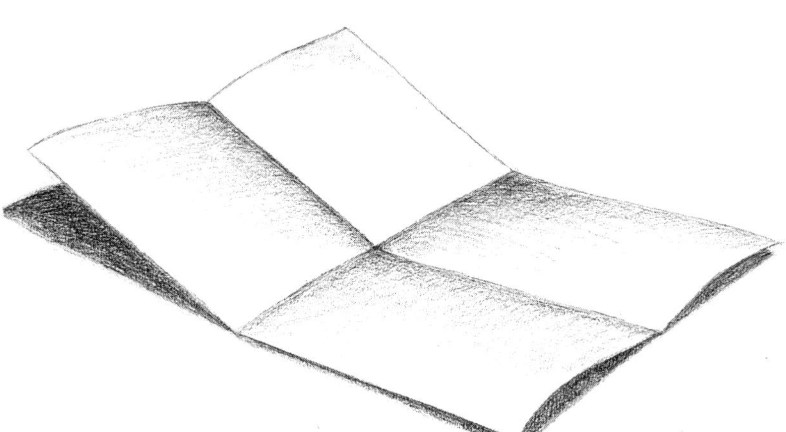

Le relief est souligné par l'ombre que projette la feuille sur la table.

LES OMBRES PORTÉES

L'ombre portée, c'est la silhouette d'un objet, d'un personnage ou d'un animal, projetée sur un support (table, sol, mur...).

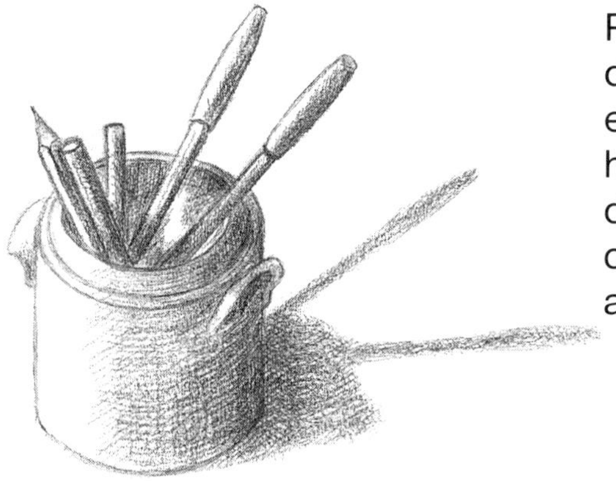

Pour le premier dessin, la source de lumière est placée au-dessus et à gauche de l'objet, à une hauteur correspondant environ à deux fois et demie la taille de celui-ci. Il s'agit là d'éclairage artificiel.

Pour le deuxième dessin, la source (toujours une lampe) est placée à droite, légèrement en avant de l'objet et un peu plus haut, ce qui provoque une ombre moins étendue.

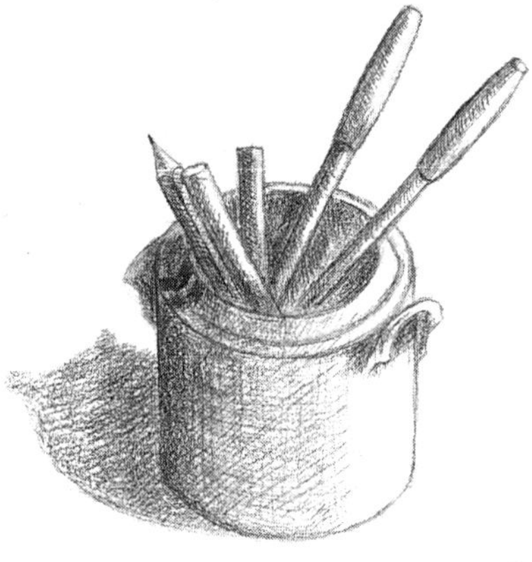

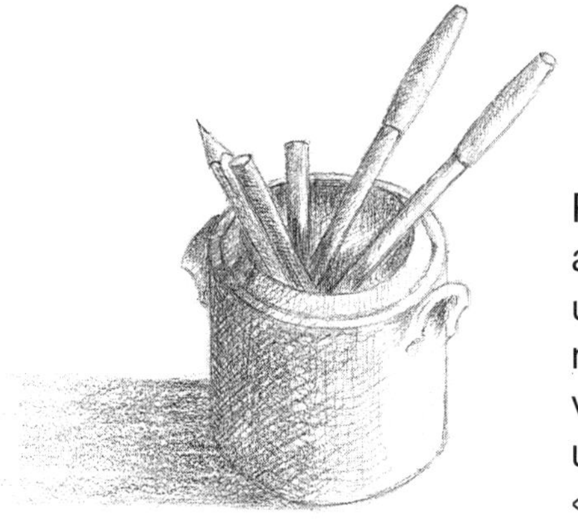

Pour le troisième dessin, nous avons utilisé la lumière naturelle : une fenêtre placée à droite du modèle. L'éclairage est moins violent, moins concentré et offre une ombre plus douce, plus «fondue».

LES OMBRES PORTÉES

La ligne pointillée indique que la lumière vient de la gauche.

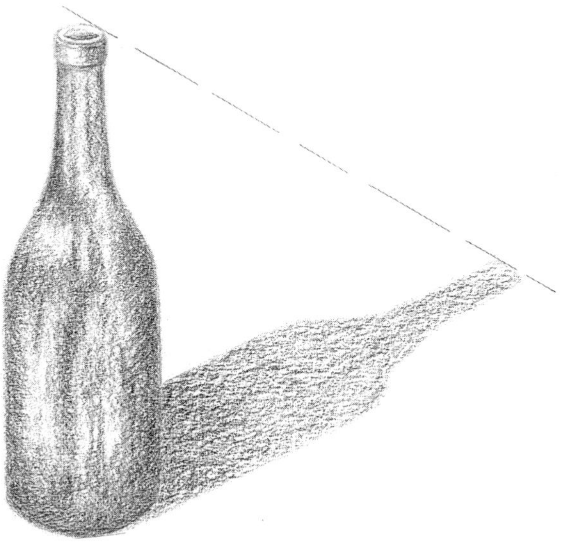

Dans le premier dessin, l'ombre de la bouteille apparaît donc sur la droite.

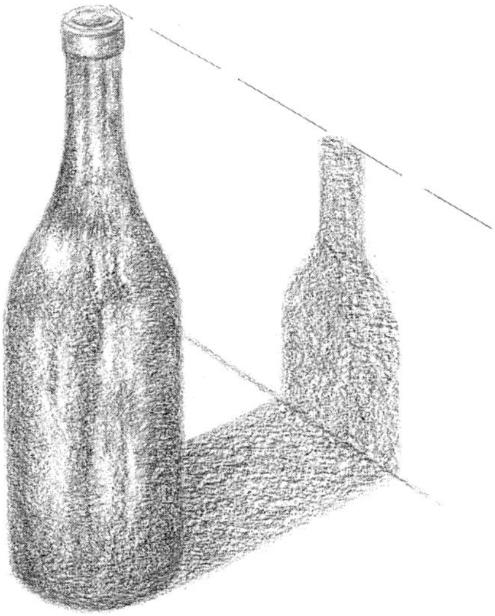

Dans le deuxième dessin, la bouteille est posée près d'un mur. L'ombre se trouve «cassée» et se reporte verticalement.

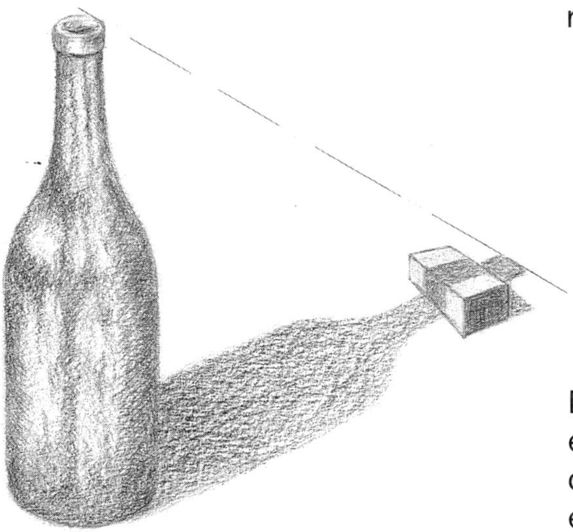

Dans le troisième dessin, l'ombre épouse le relief de la boîte placée devant la bouteille, sans que cela en modifie la longueur.

LE NOIR ET LE BLANC

Le noir et le blanc, au même titre que la couleur, offrent de nombreuses possibilités décoratives.

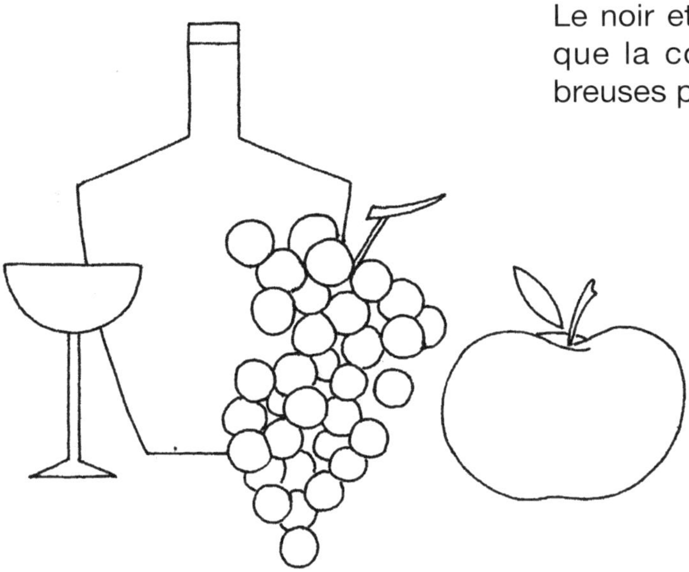

Pour ce dessin, le noir et le blanc ont été inversés, ce qui modifie complètement l'effet.

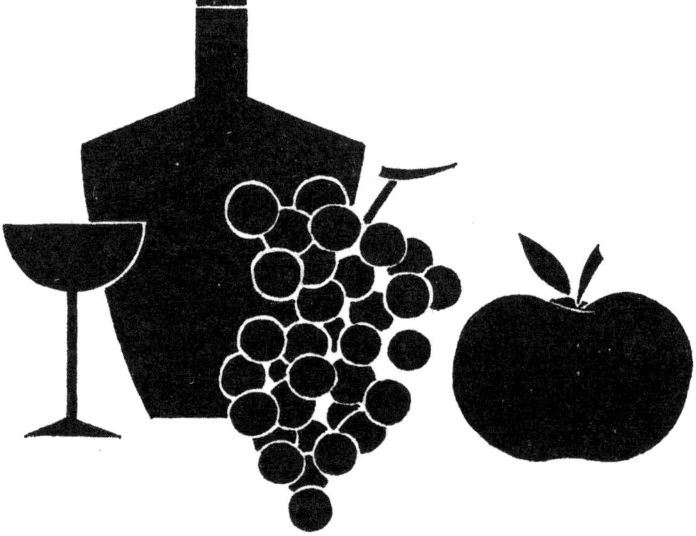

LE NOIR ET LE BLANC

Le dessin de cette fleur pourra vous sembler un peu difficile, mais il vous sera possible de choisir une forme plus simple, comme la marguerite ou la tulipe.

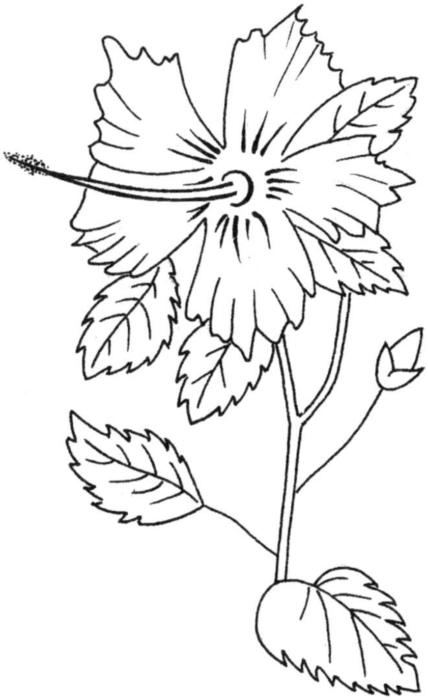

Pour obtenir ce résultat, il vous faudra veiller à toujours ménager un espace entre les traits en les doublant avant la mise en place du noir.

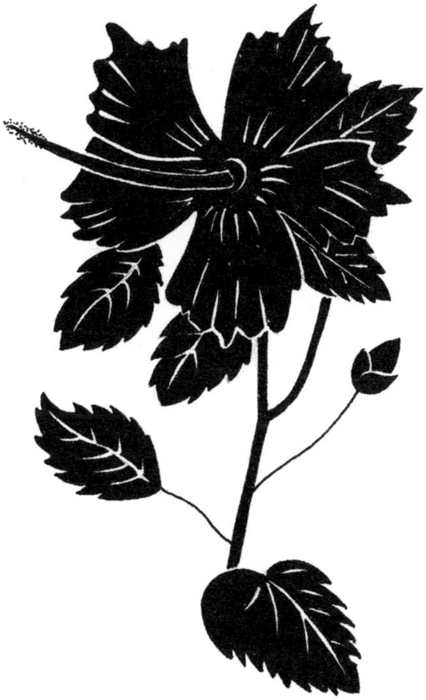

Bien entendu, ce procédé peut être employé avec n'importe quelle autre couleur de votre choix.

LE TRAIT

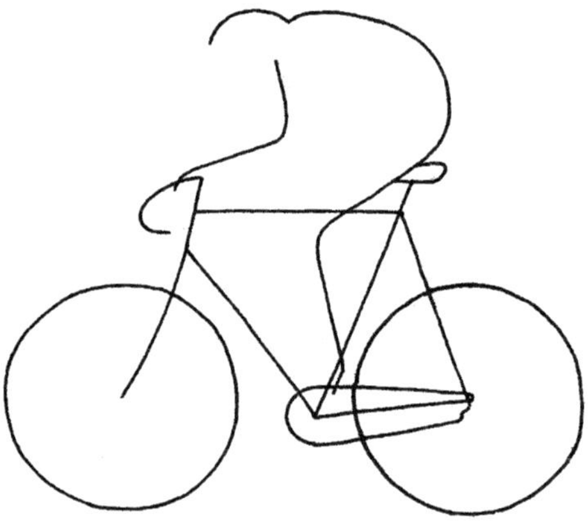

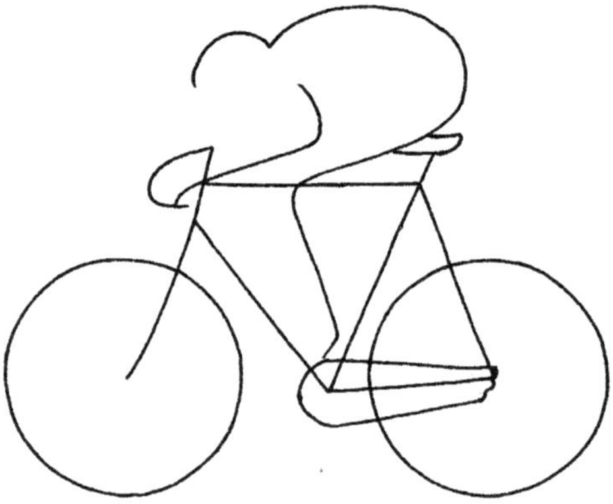

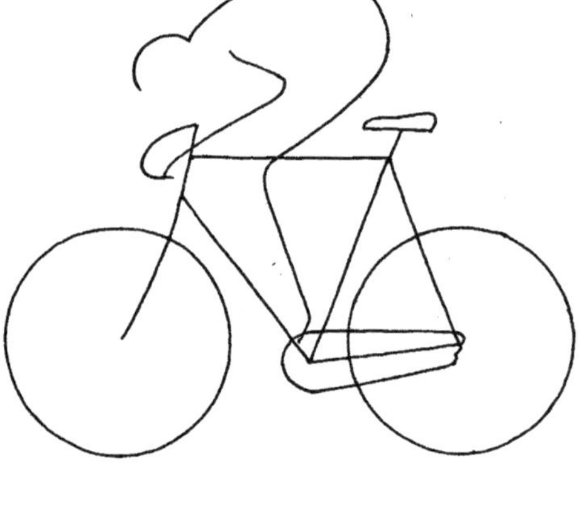

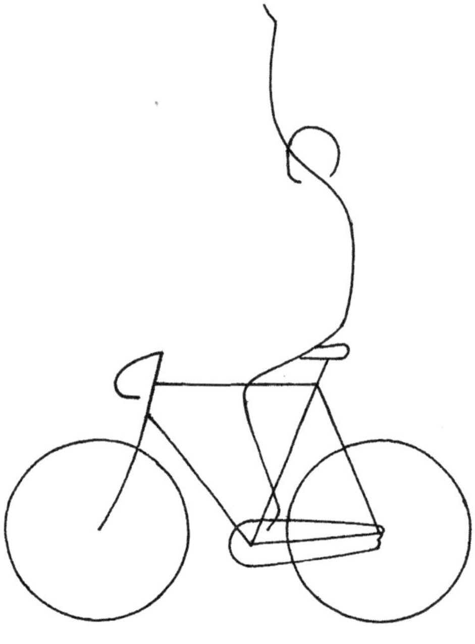

Voici quatre exemples de dessins simplifiés à l'extrême. Le trait ne fait apparaître que les lignes essentielles.

LE TRAIT

Le dessin de l'homme s'abritant sous un parapluie fait volontairement appel à un trait flou, imprécis visant à restituer une ambiance brumeuse. Pour l'essentiel, ce dessin a été traité avec le plat de la mine.

L'exécution rapide du second dessin réalisé à la plume fait apparaître un trait plus nerveux. Peu de détails ressortent, le but recherché étant avant tout de camper une silhouette et de traduire une attitude.

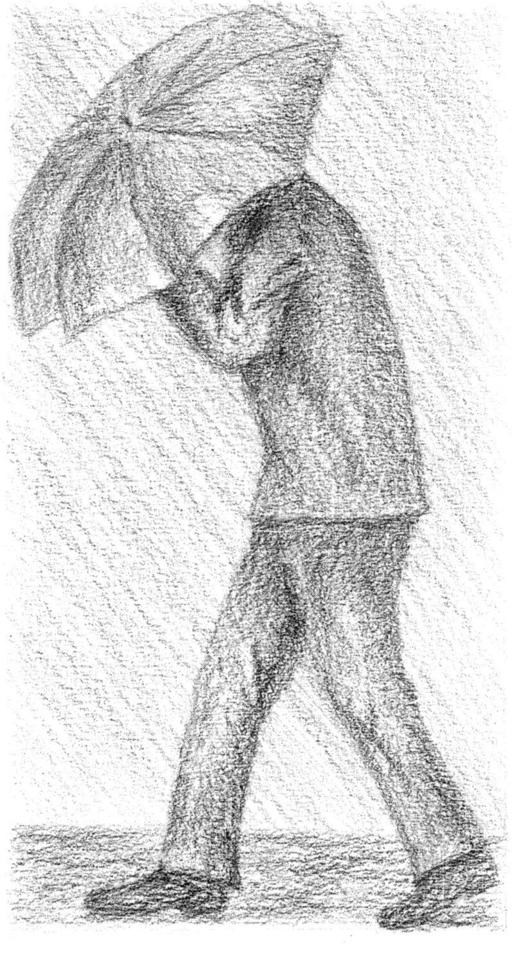

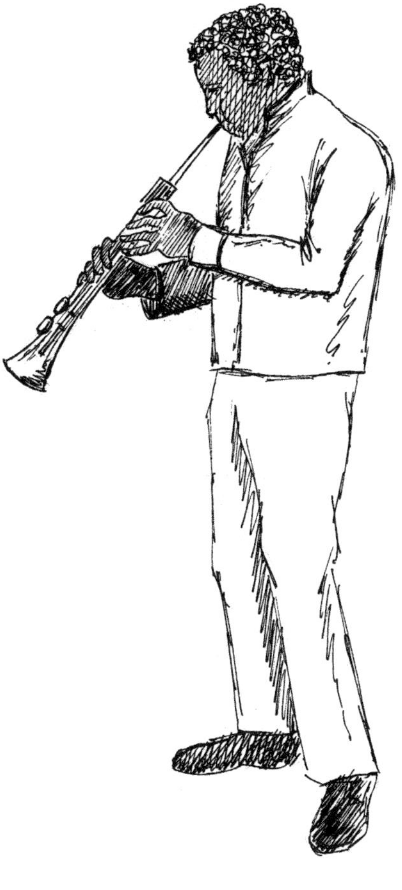

LE TRAIT

Le trait peut être plus ou moins marqué, plus ou moins épais : l'effet sera à chaque fois très différent.

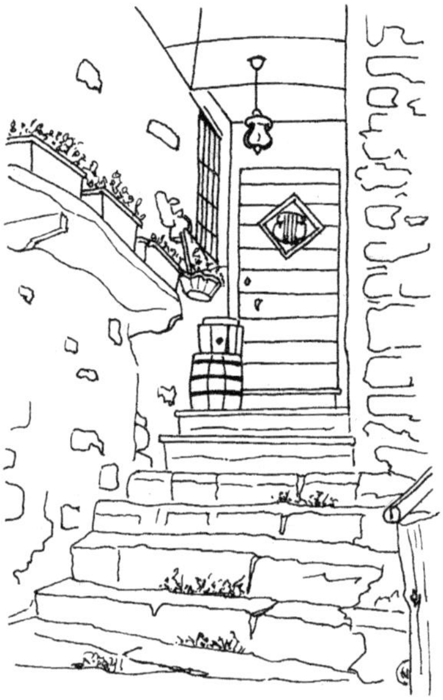

Ci-dessus, un trait simple indique les contours.

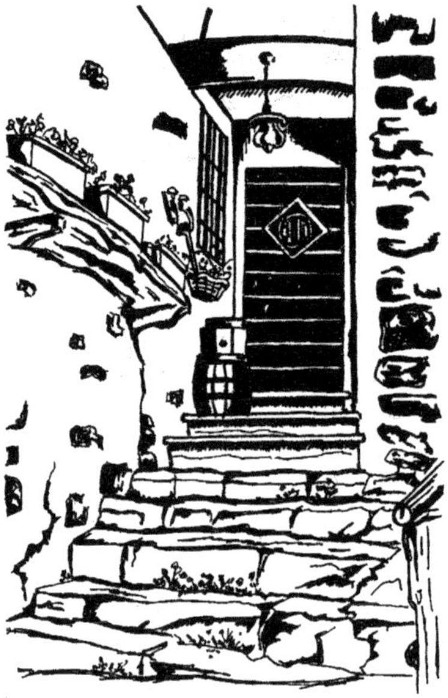

Ci-dessus, le trait est beaucoup plus marqué, volontairement exagéré. Le contraste est accentué entre les zones d'ombre et de lumière.

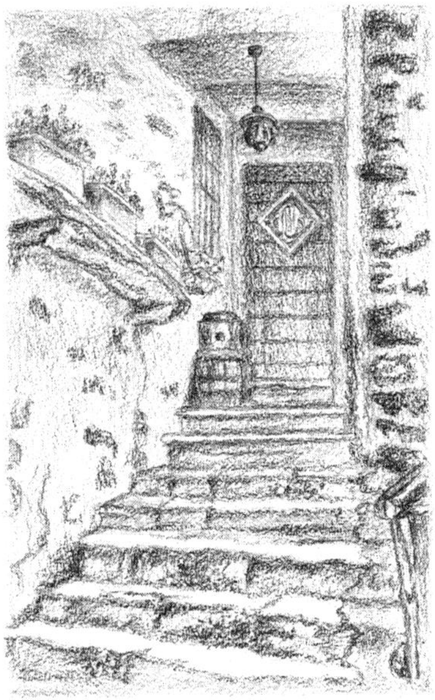

Ici, au contraire, les traits ont pratiquement disparu pour se fondre dans les différentes nuances de gris. La mine du crayon est utilisée «à plat».

LES PERSONNAGES ET LES ANIMAUX

Pour dessiner des personnages ou des animaux, la principale difficulté consiste à traduire le mouvement. Les lignes bougent : il vous faudra vous entraîner à saisir rapidement une attitude.

Les exemples qui suivent vous donneront quelques indications, mais vous pourrez, pour commencer, choisir plutôt un sujet immobile : personnage assis, animal dormant, etc.

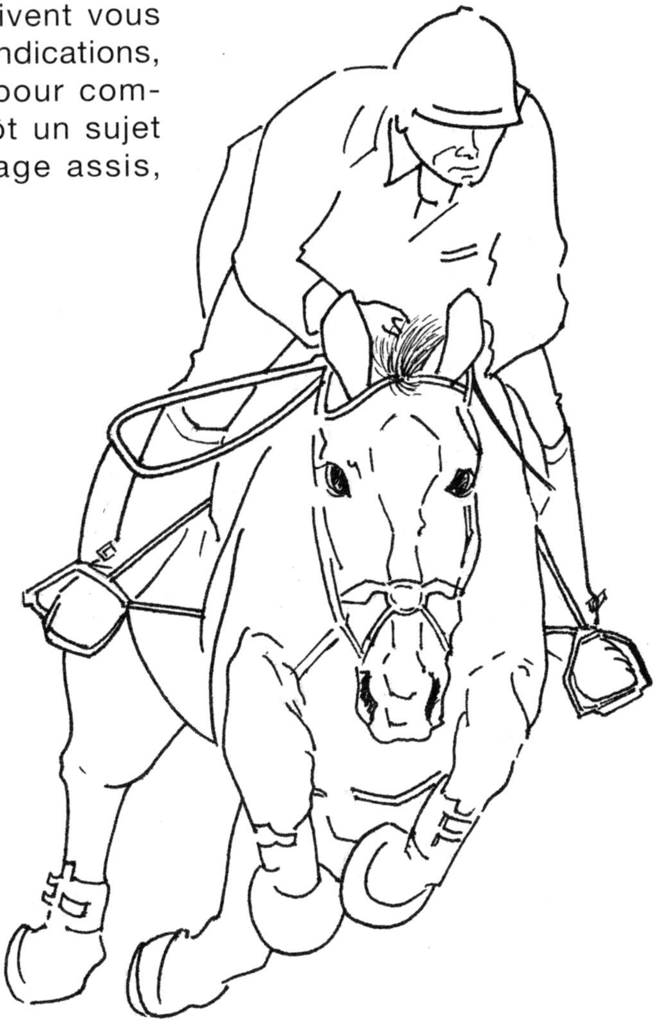

LES PROPORTIONS DU CORPS HUMAIN

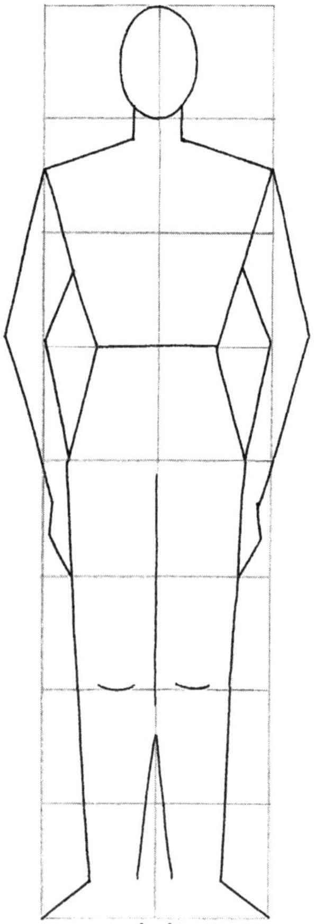

adulte

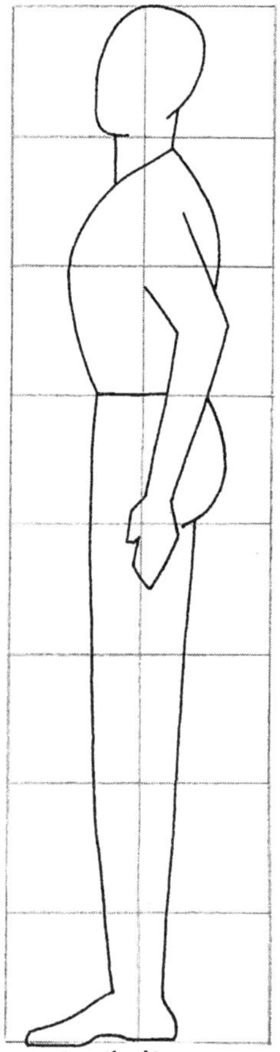

adulte

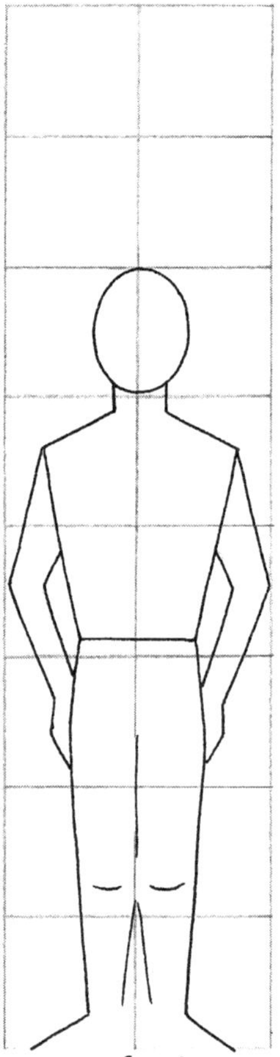

enfant
(vers 6 ans)

Chez l'adulte, il faut, à peu de choses près, reporter huit fois la hauteur de la tête pour obtenir la taille du personnage.
Ces proportions sont différentes pour un enfant. La hauteur de la tête doit être multipliée par 6 pour réaliser une silhouette correspondant à un enfant de cinq à sept ans et par 7 pour un enfant de plus de dix ans.

LES PERSONNAGES

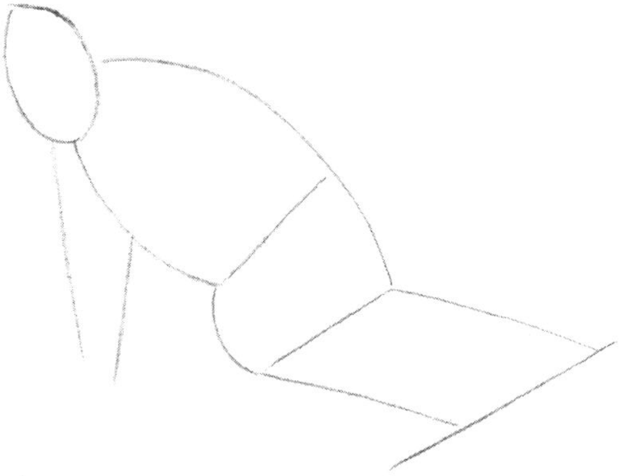

1. Cette esquisse permet d'indiquer l'attitude générale. Il faut faire attention à la position des différents éléments du corps : inclinaison du buste, position de la tête, placement des jambes.

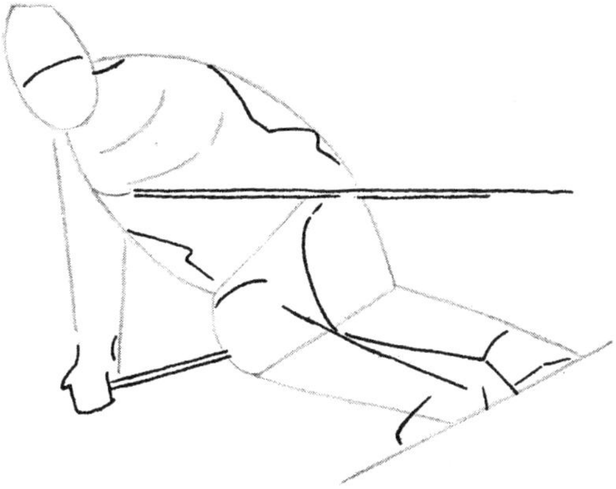

2. L'attitude générale étant définie, il est possible d'affiner petit à petit son dessin...

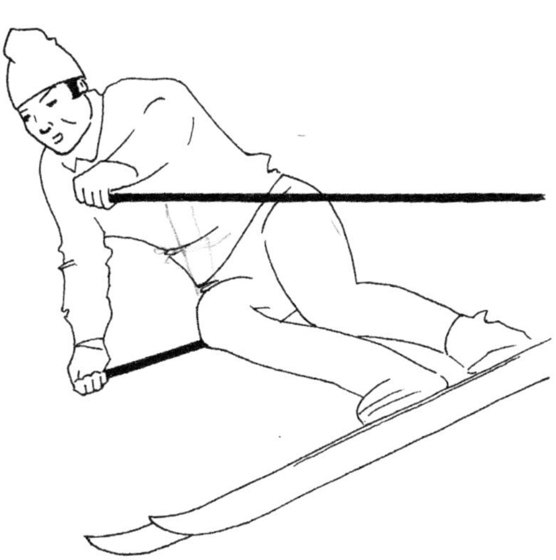

3. Enfin, tous les détails peuvent être précisés.

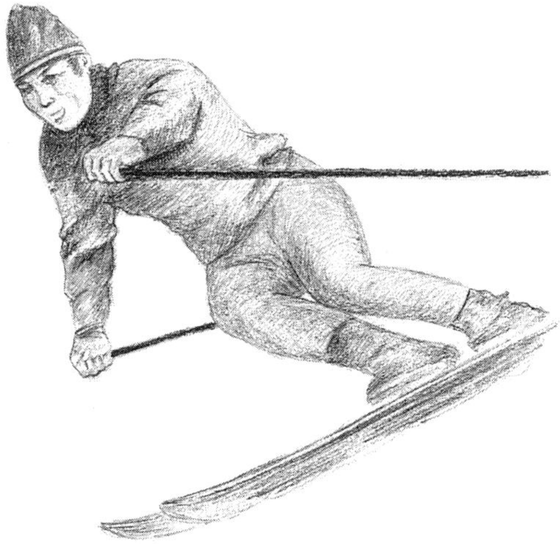

4. La touche finale est apportée par les ombres.

LES PERSONNAGES

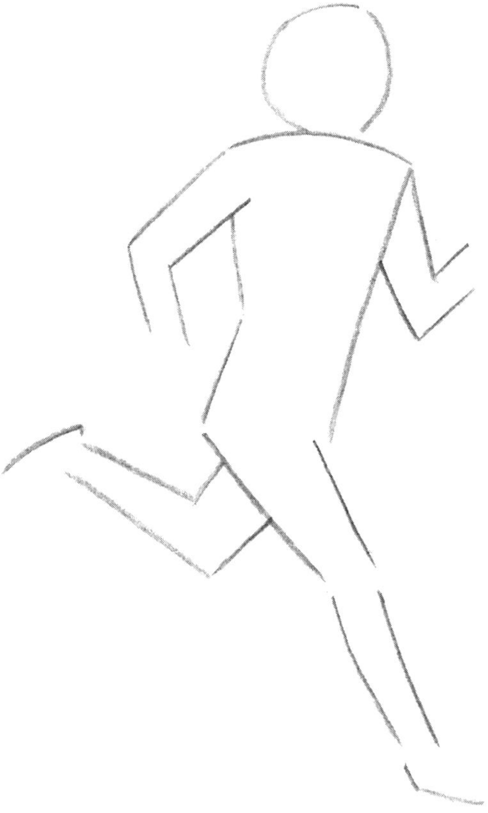

L'équilibre d'un dessin doit être bien visible dès les premières esquisses. Il devient beaucoup plus difficile de corriger après...

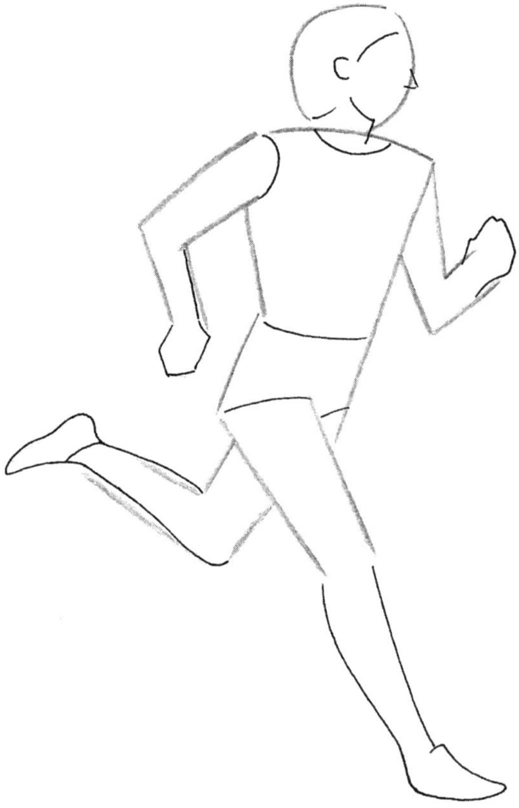

... N'hésitez donc pas à modifier, à recommencer tant que vous n'aurez pas l'impression d'être dans la bonne voie.

LES PERSONNAGES

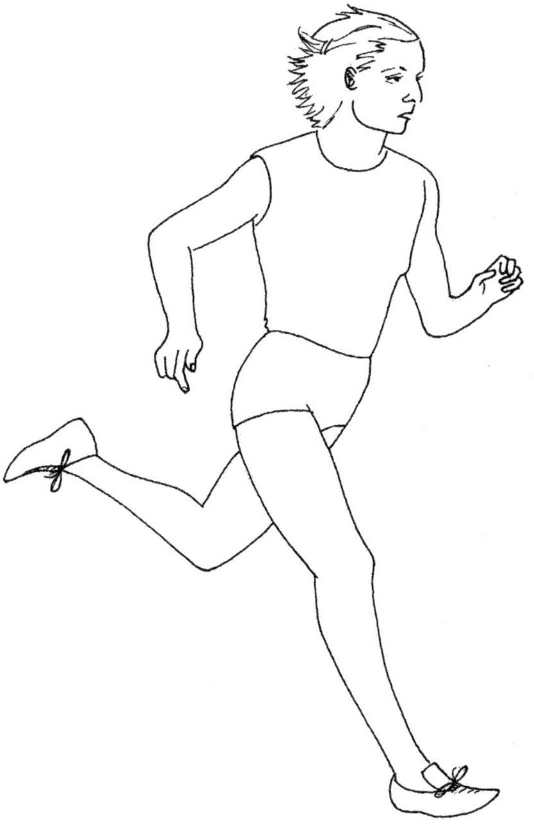

Ces dessins proposent une méthode permettant de dessiner un personnage. Ils peuvent être utilisés au début comme modèles...

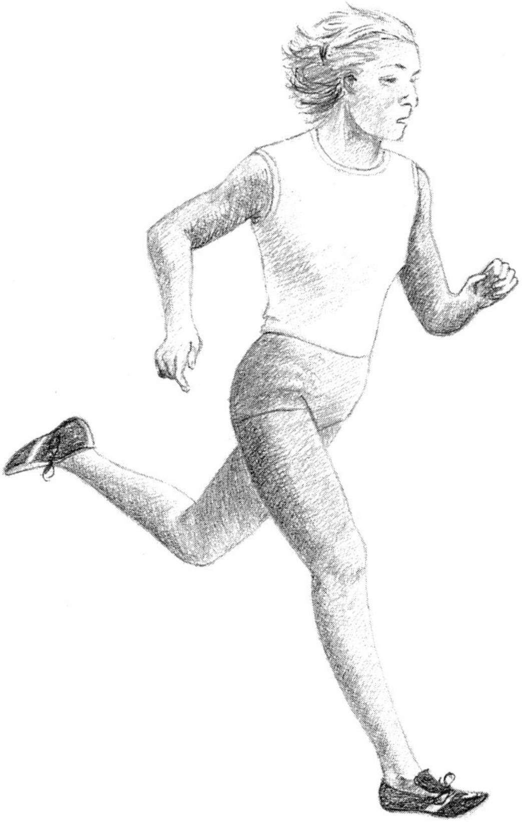

... mais il vous faudra aussi vous exercer en dessinant les gens qui vous entourent. C'est ainsi que l'on peut progresser.

LES PERSONNAGES

Pour dessiner un personnage, il faut tout d'abord bien observer le placement du corps.

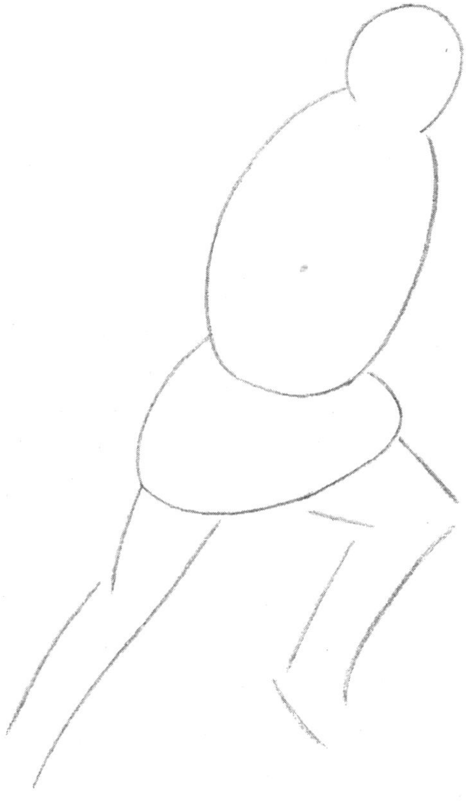

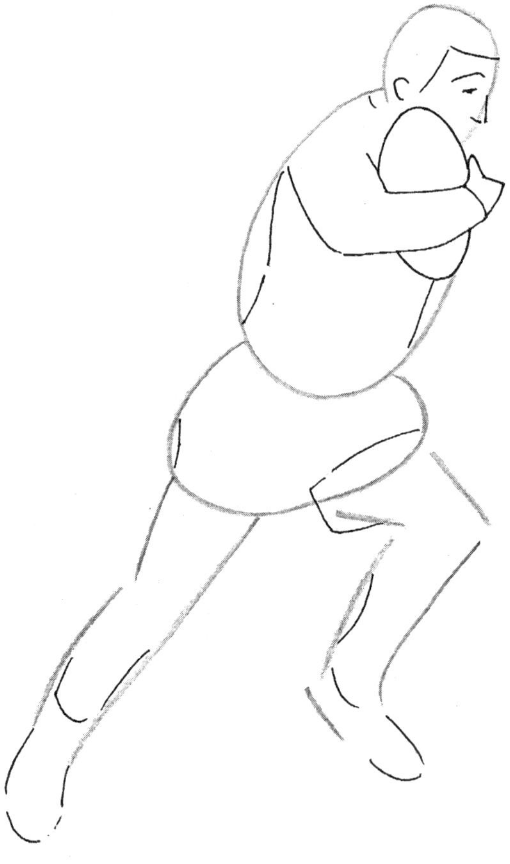

Ici, il suit une ligne oblique.

LES PERSONNAGES

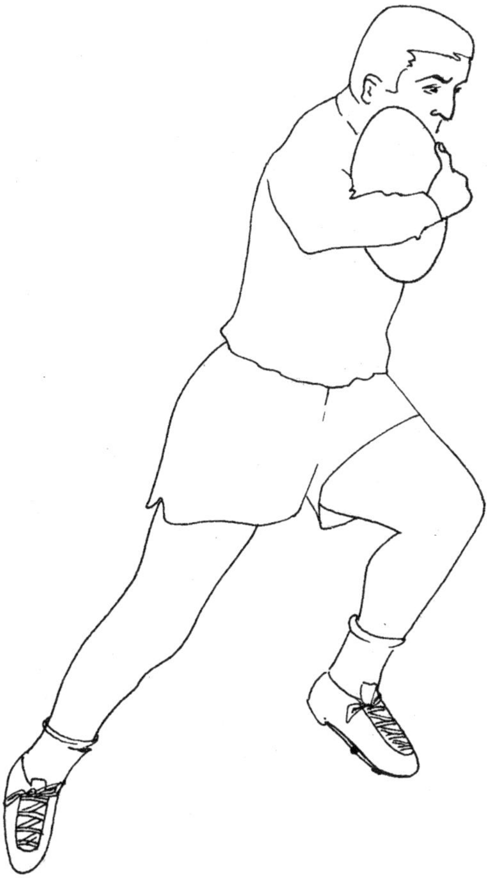

L'ensemble étant bien équilibré, les proportions respectées, il est possible de préciser les détails...

... et d'achever son dessin en plaçant convenablement les ombres.

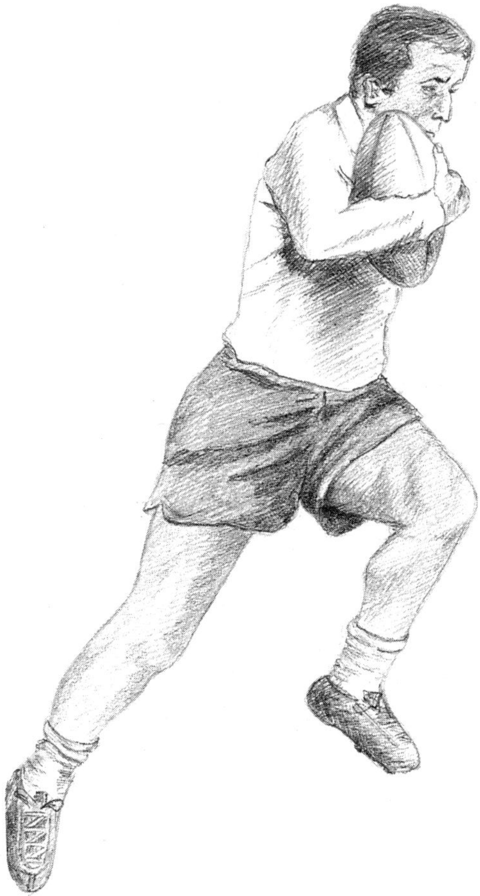

QUELQUES ANIMAUX
Un chien de chasse

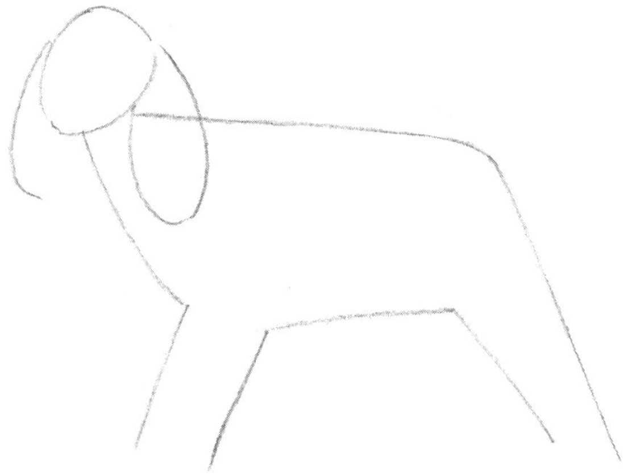

Quel que soit le sujet d'un dessin, il faut d'abord en apprécier d'un coup d'œil la forme générale.

Pour ce chien, une esquisse sommaire permet de définir les lignes de force. Quelques traits plus précis vont nous conduire peu à peu vers le dessin final.

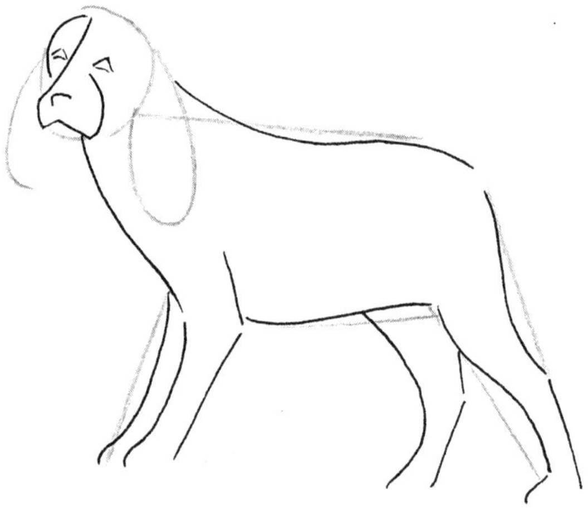

Nous y sommes. Cela ressemble à un chien. Il est encore possible d'améliorer ce dessin, comme nous le verrons.

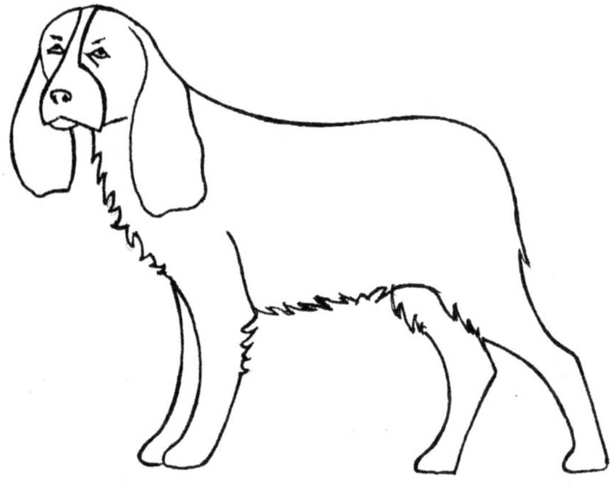

Bien sûr, il ne s'agit ici que d'un exemple, et, plutôt que de copier, regardez autour de vous et essayez de dessiner le personnage ou l'animal de votre choix.

QUELQUES ANIMAUX

Un chien de chasse

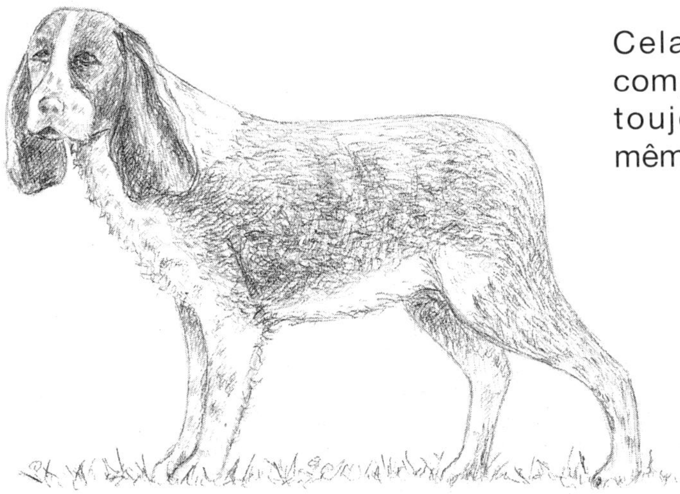

Cela semble beaucoup plus compliqué, et, pourtant, il s'agit toujours du même chien, du même dessin de base.

Pour le dessin ci-dessus, on a uniquement utilisé le crayon, une succession de petits traits apportant des nuances et donnant l'illusion du pelage.
Il faut tout d'abord «remplir» les parties grises avec de petits traits sans trop appuyer la pointe du crayon. Il faudra ensuite revenir sur votre dessin pour obtenir les parties les plus sombres en serrant un peu plus ces petits traits croisés (voir les techniques permettant d'obtenir des nuances dans les gris).

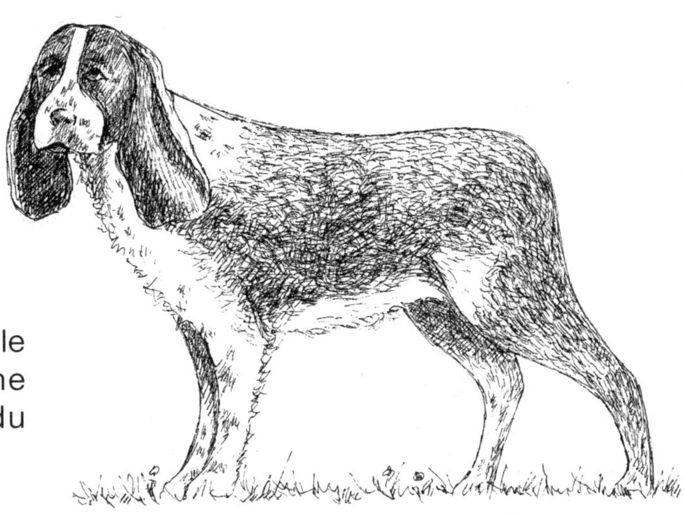

Pour ce dessin, le procédé est le même mais on a utilisé ici une plume et de l'encre au lieu du crayon.

QUELQUES ANIMAUX

Un chat

De la même manière, dessinons un chat.

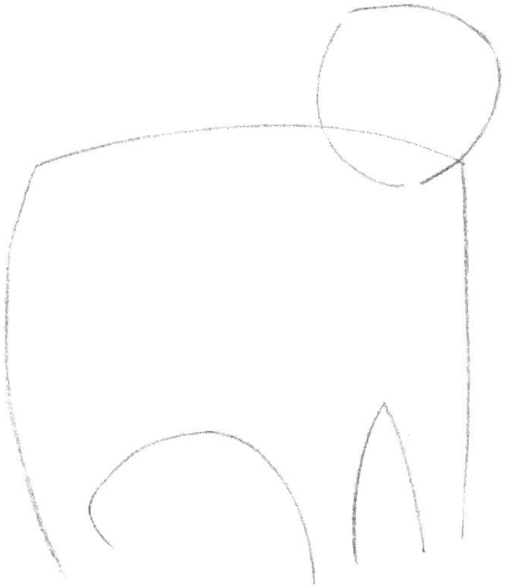

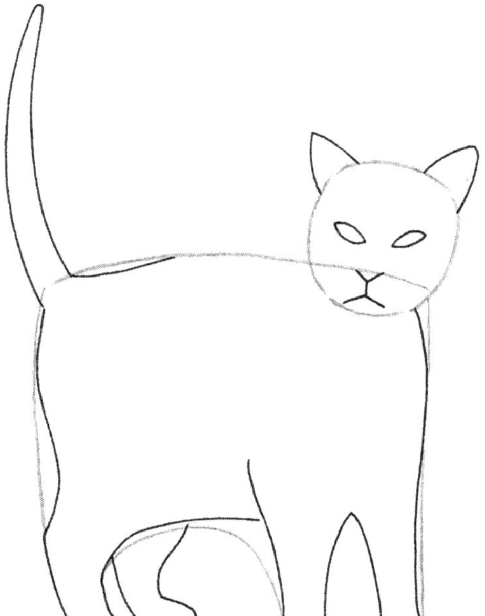

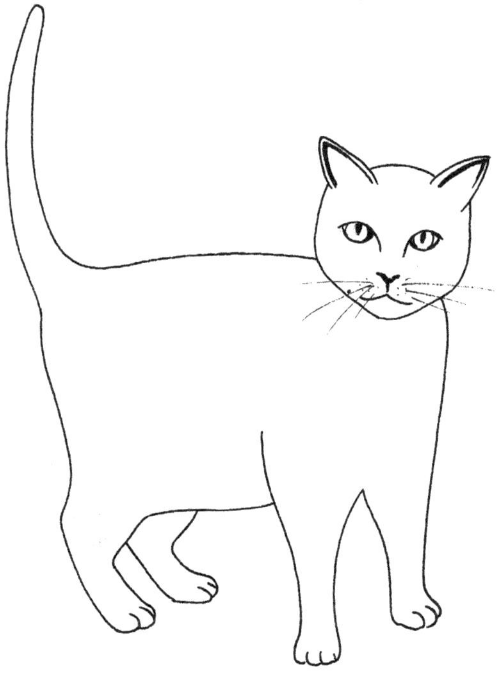

Voyez comme il semble lourd sans l'apport des détails de son pelage !

QUELQUES ANIMAUX
Un chat

Au crayon, il faut éviter de marquer trop nettement les contours. Le trait doit demeurer léger et se fondre dans l'ensemble.

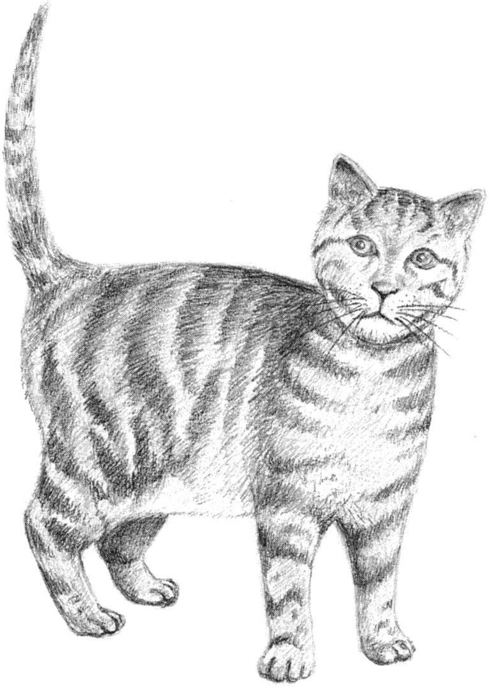

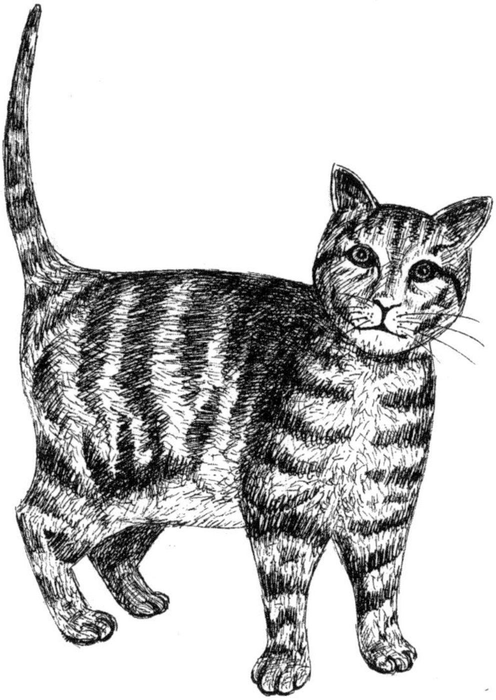

Le dessin à la plume accentue les contrastes. La silhouette du chat a donc été réalisée d'un trait particulièrement léger afin que l'ensemble ne soit pas cerné d'une ligne noire trop marquée.

QUELQUES ANIMAUX

Des oiseaux

Pour dessiner un oiseau, une forme très simple peut servir de point de départ. Seule l'orientation change selon sa position.

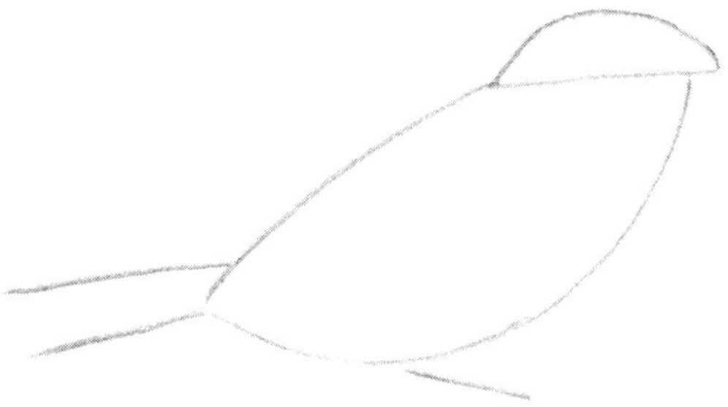

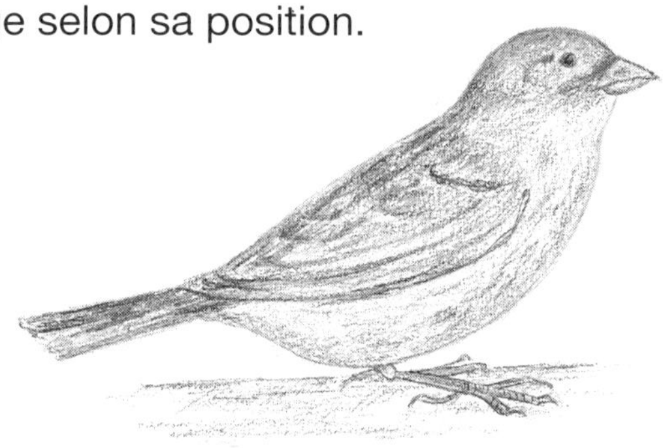

Pour le moineau, les traits de crayon apparaissent un peu.

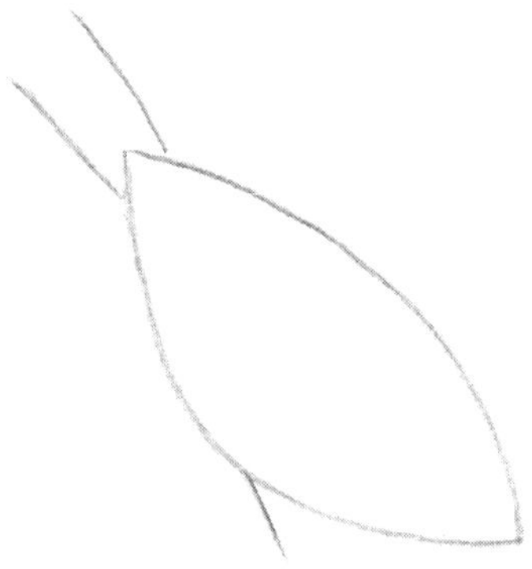

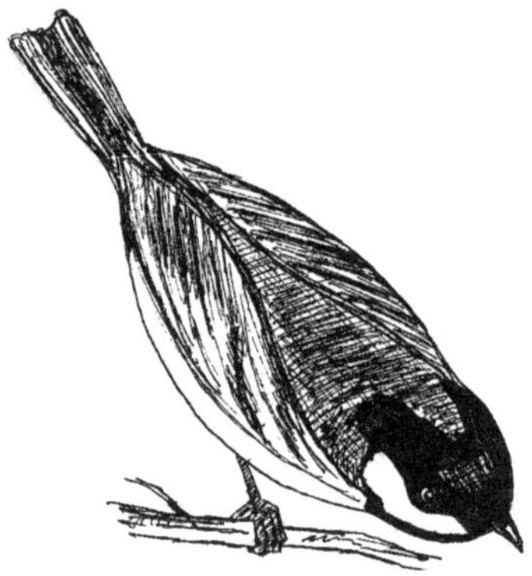

La mésange, dessinée à la plume, fait ressortir des traits marqués, rapidement exécutés.

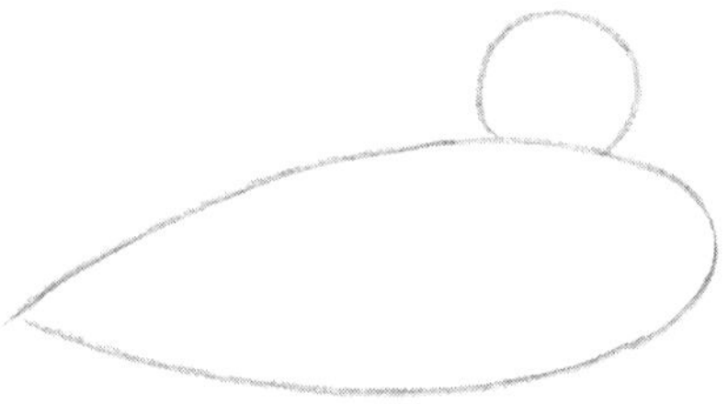

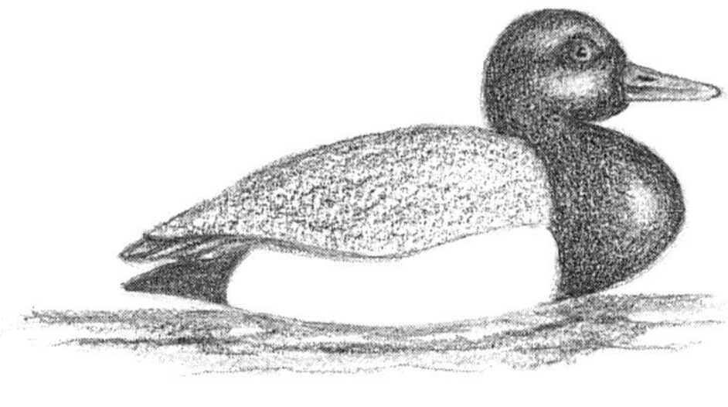

Pour ce canard, les traits du crayon ont disparu, les gris sont «fondus». Il faut pour cela utiliser son crayon à plat, en évitant de trop employer la pointe de la mine.

QUELQUES ANIMAUX
Des oiseaux

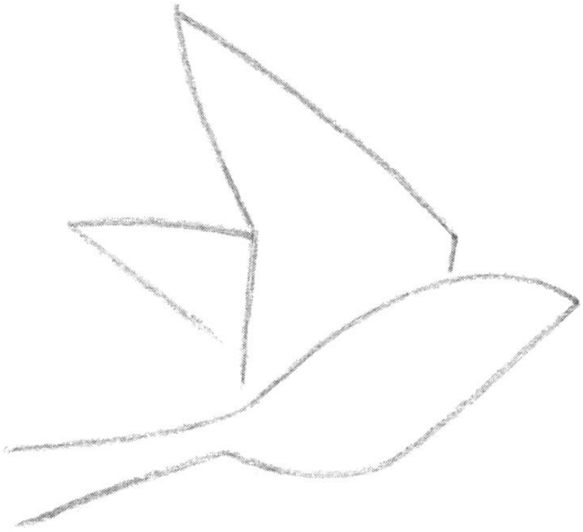
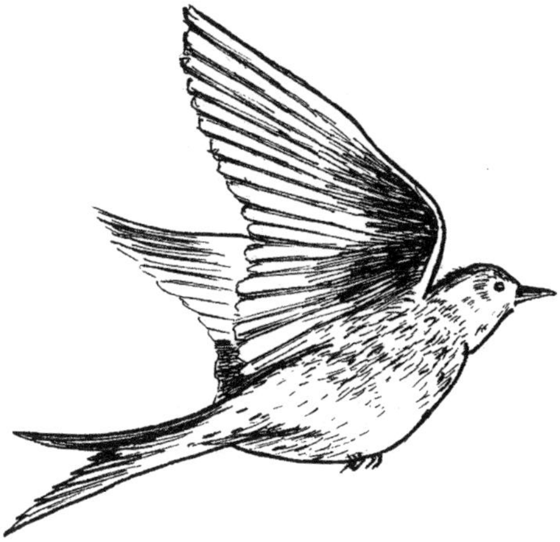

Quelques lignes essentielles permettent également de dessiner des oiseaux en vol, avec les différentes positions des ailes.

QUELQUES ANIMAUX

Des poissons

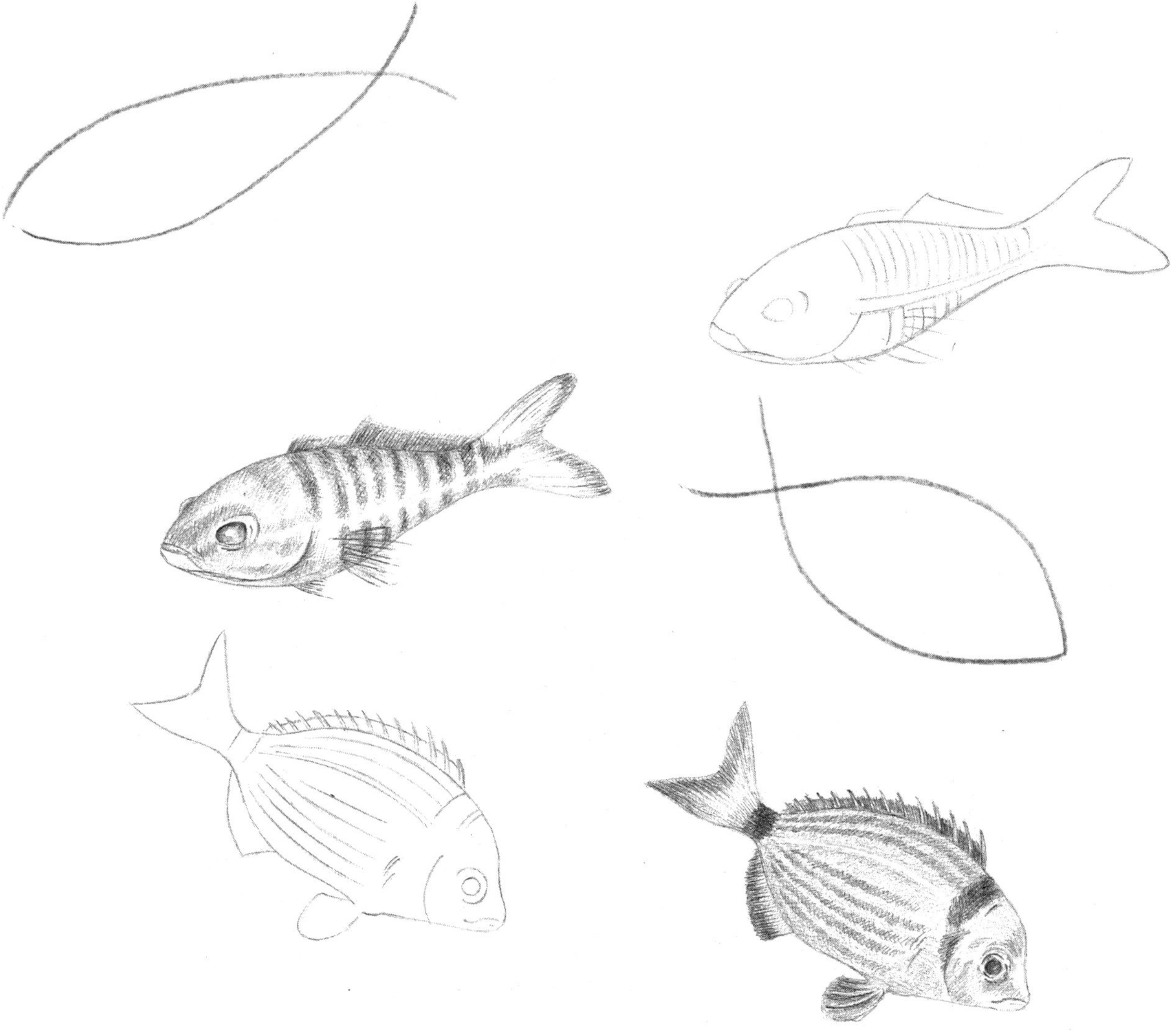

Bien qu'il existe de très nombreuses espèces de poissons, ils présentent le plus souvent des silhouettes assez proches les unes des autres. Ils peuvent être plus ou moins longs, plus ou moins ronds, mais les traits de base demeurent toujours les mêmes. En revanche, les reflets de leurs écailles offrent de nombreuses nuances.

LES ARBRES

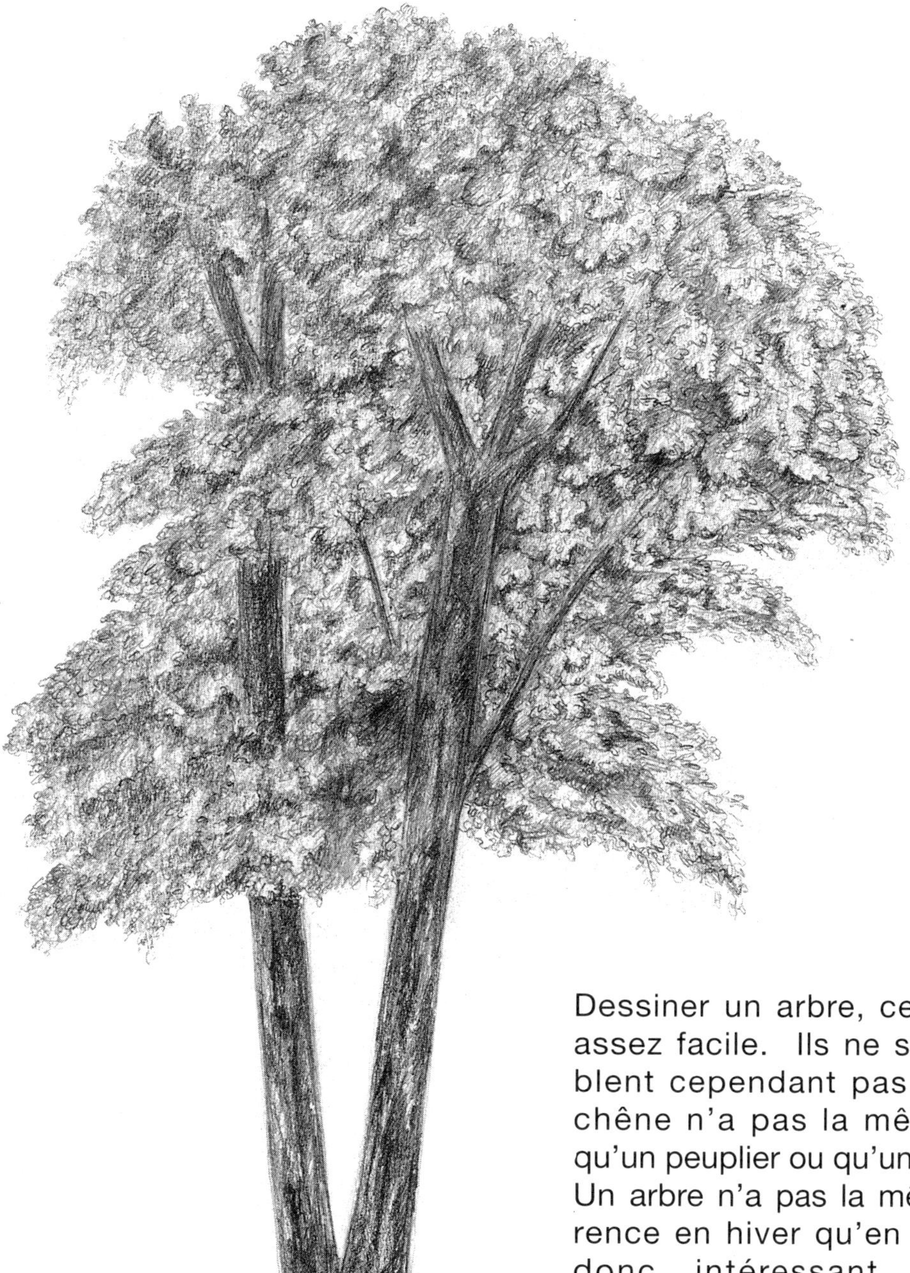

Dessiner un arbre, cela semble assez facile. Ils ne se ressemblent cependant pas tous ; un chêne n'a pas la même forme qu'un peuplier ou qu'un sapin.
Un arbre n'a pas la même apparence en hiver qu'en été. Il est donc intéressant d'étudier d'abord la silhouette générale de l'arbre que l'on souhaite dessiner et la disposition de ses branches.

LES ARBRES

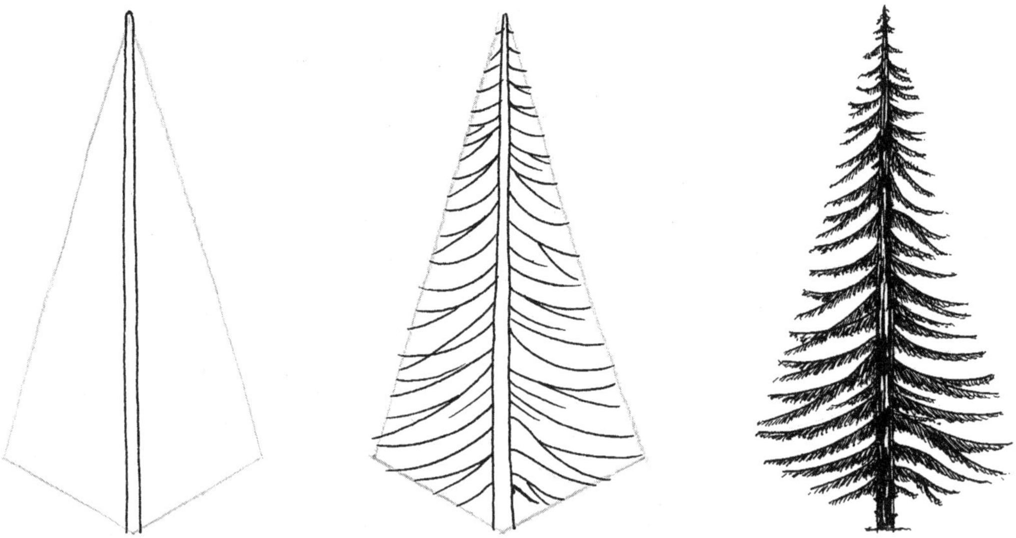

Le sapin s'inscrit dans une forme géométrique presque parfaite, proche du triangle.

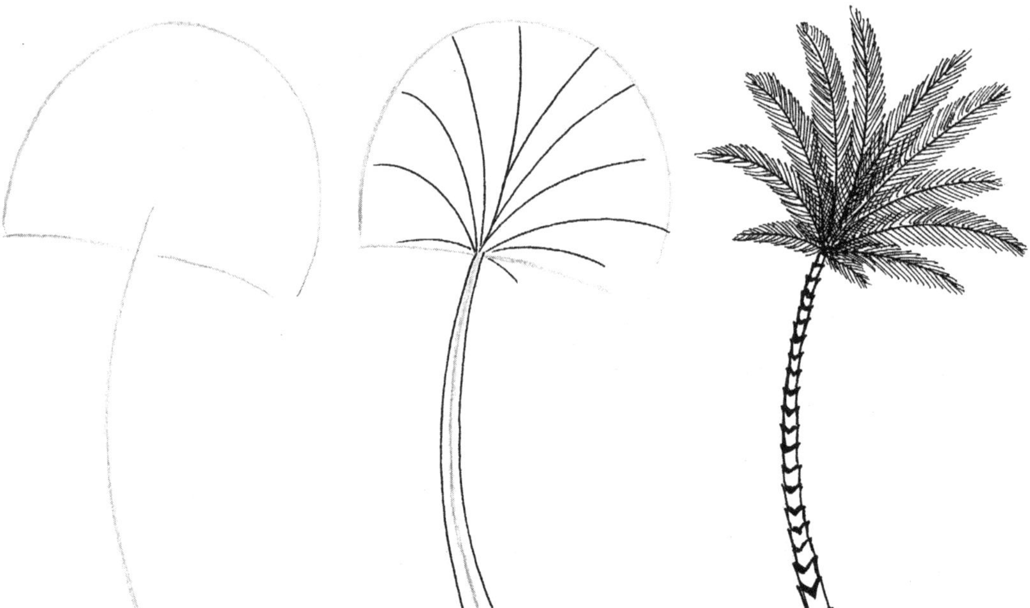

La silhouette du palmier, plus souple, fait appel à des lignes courbes.

LES ARBRES

Un châtaignier

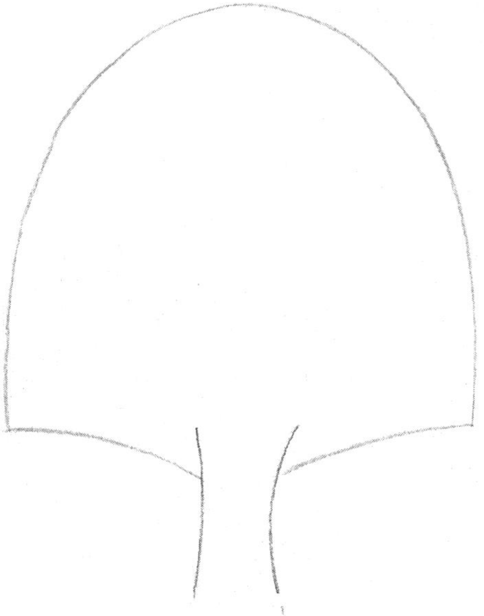

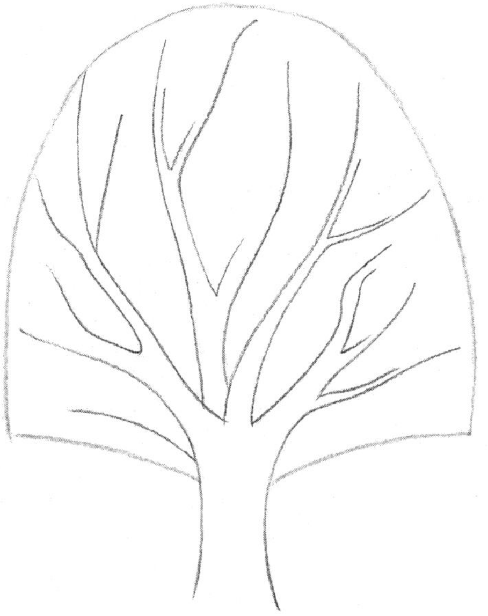

Pour dessiner un arbre, il faut, dans un premier temps, en cerner la silhouette, puis examiner la position des branches principales et celle des branches secondaires.

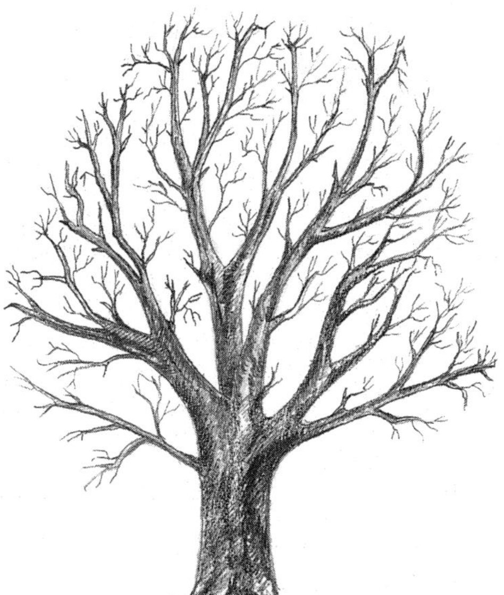

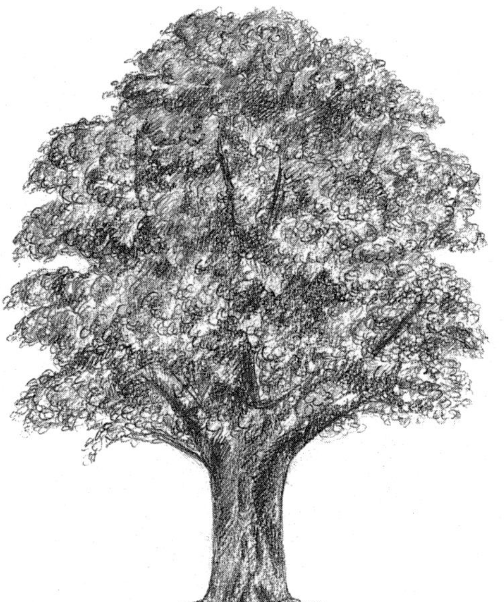

La réalisation du feuillage est obtenue en couvrant légèrement l'ensemble au crayon d'une teinte grise sur laquelle les détails plus foncés viendront prendre place.

LES FEUILLES

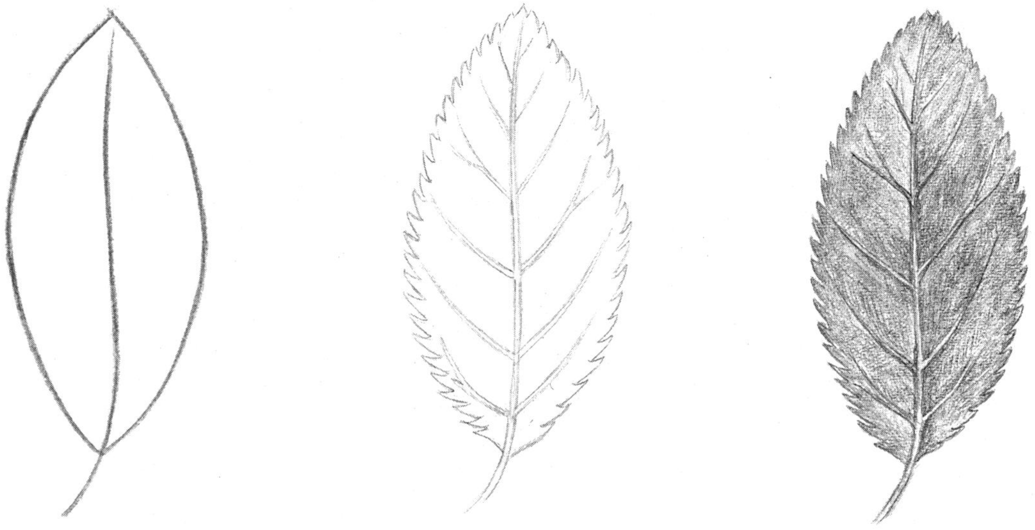

Il suffit de regarder autour de soi pour trouver des idées de dessin : des feuilles, par exemple, ramassées en forêt ou dans un jardin, peuvent constituer de multiples sujets.

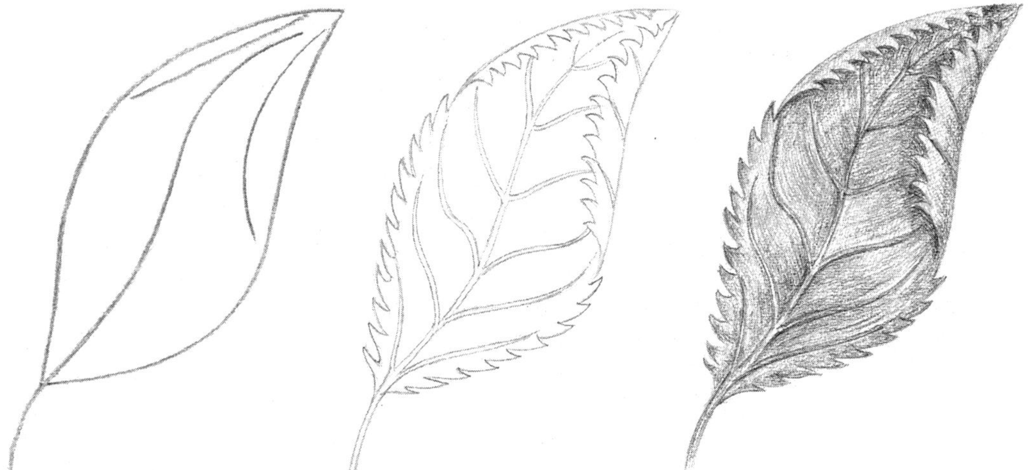

Deux feuilles d'un même arbre peuvent ne pas présenter le même aspect, comme on le voit ici.

LES FEUILLES

Les feuilles offrent de nombreuses possibilités sur le plan décoratif.

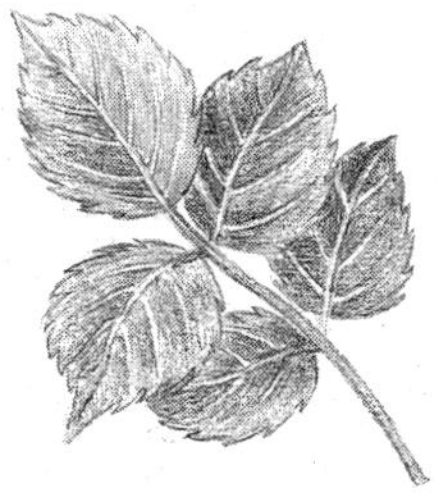

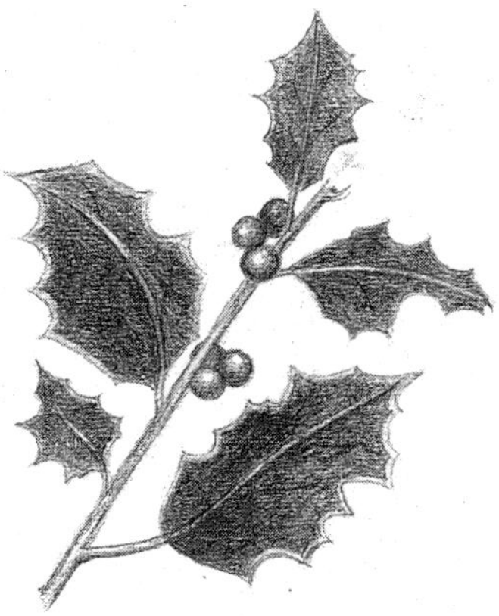

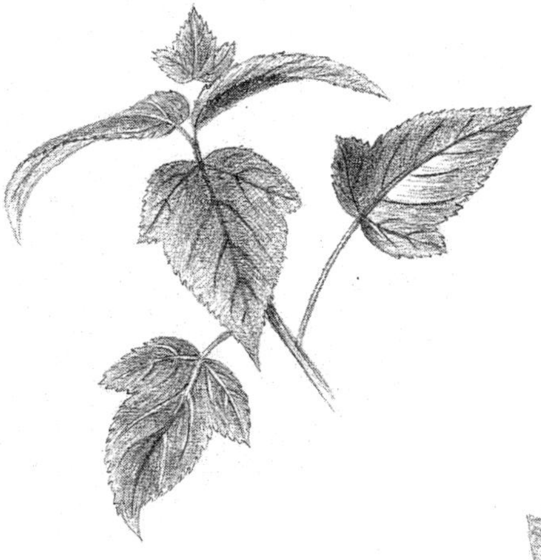

Ce type de dessin constitue un excellent exercice pour l'étude des ombres et des nuances de gris.

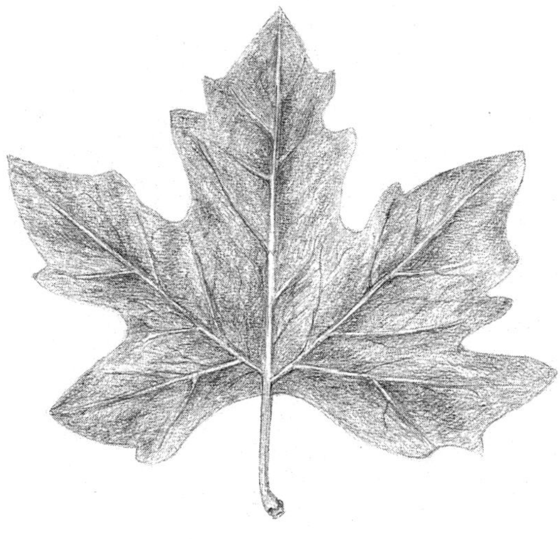

LES BRANCHES

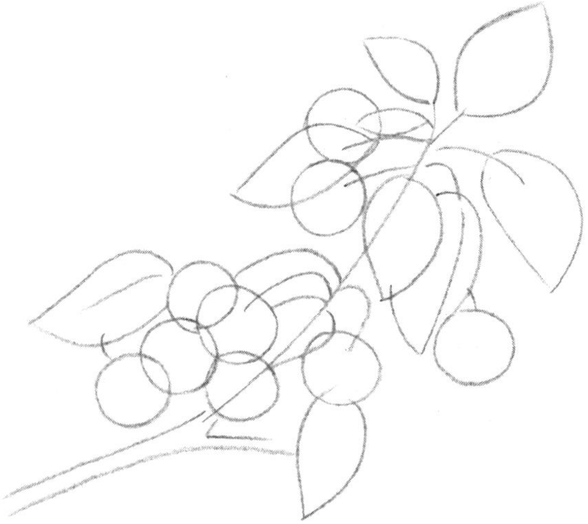

Une simple branche d'arbre offre un thème de dessin intéressant. L'harmonie des formes, le jeu des ombres et des lumières sur les feuilles, les fruits ou les fleurs constituent un excellent exercice.

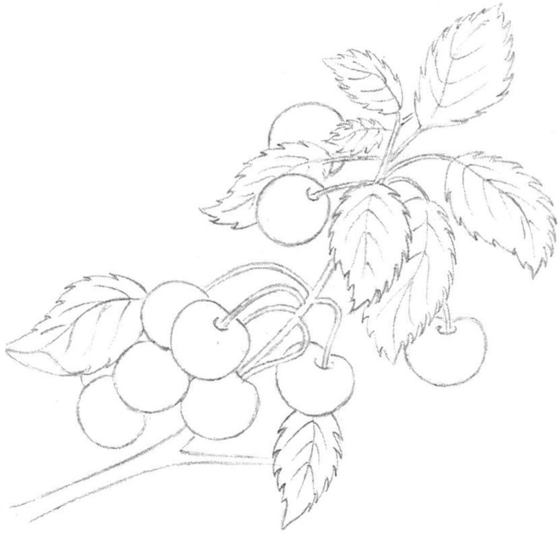

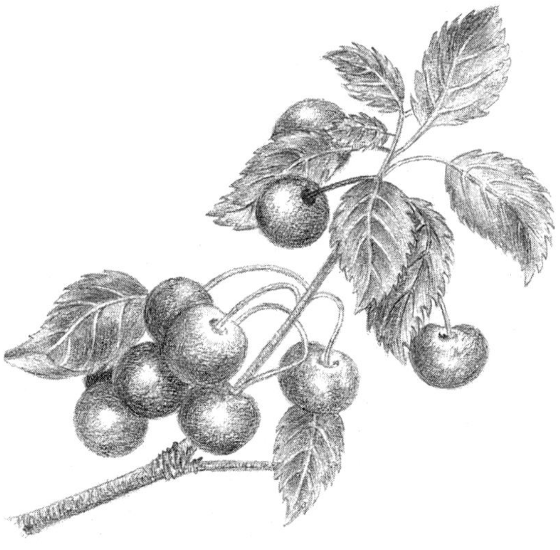

Dans un premier temps, il est bien entendu nécessaire d'avoir une vision globale de son dessin et de situer, sans entrer dans les détails, les différents éléments qui le composent.

LES PAYSAGES

Le paysage est partout autour de soi dès que l'on a franchi le seuil de sa maison. En ville, à la campagne, à la montagne, à la mer, dans la forêt... le bloc de papier et le crayon deviendront rapidement vos compagnons de promenade favoris !

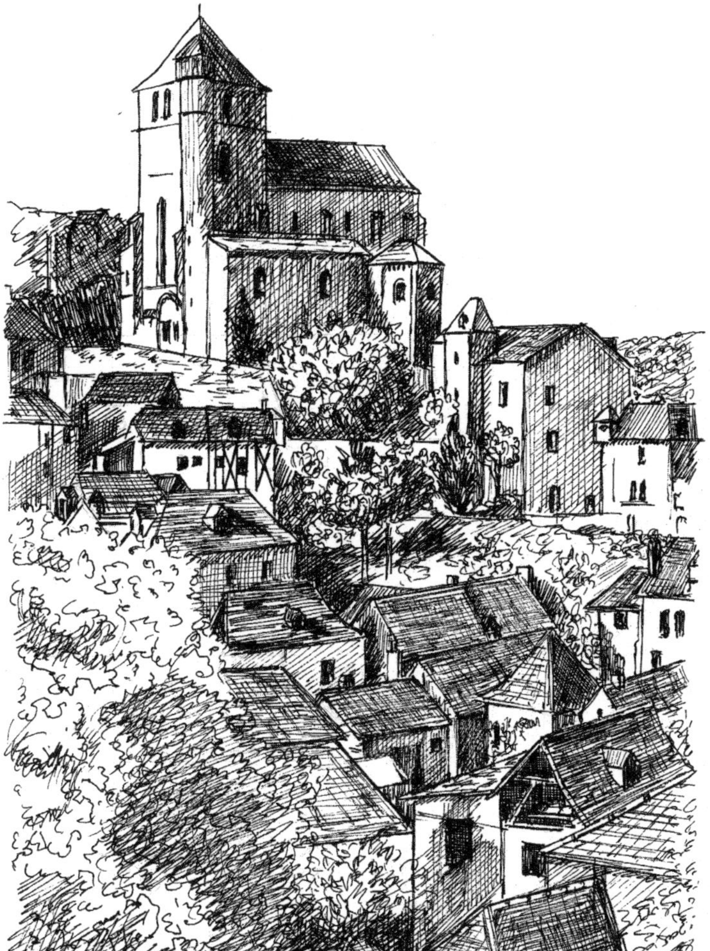

LES MAISONS ET LES PAYSAGES

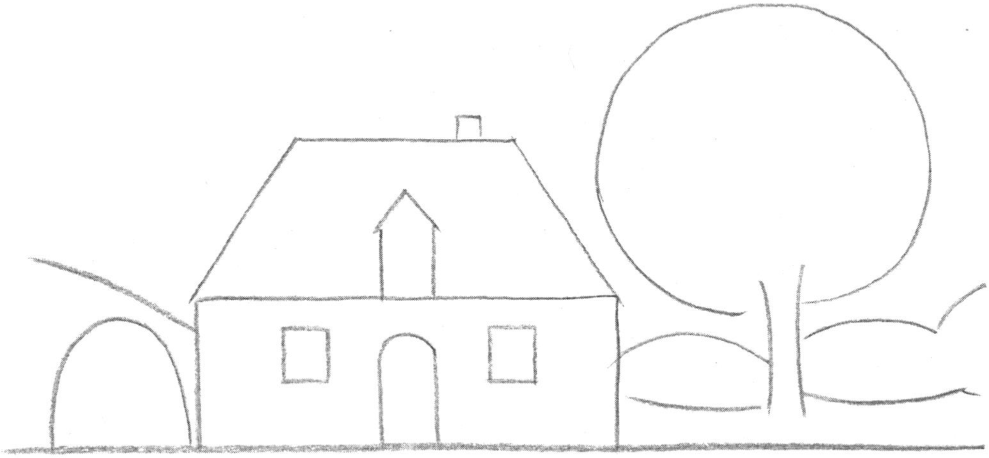

Il est important de mettre en place les différents éléments de votre dessin sans entrer dans les détails, mais en veillant au respect des proportions.

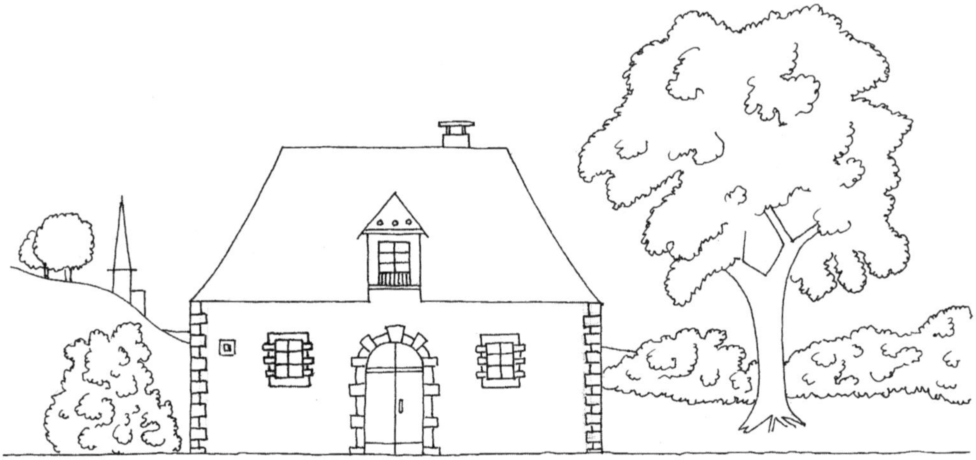

Ces détails pourront apparaître ensuite, lorsque vous jugerez que l'ensemble est correctement «installé».

LES MAISONS ET LES PAYSAGES

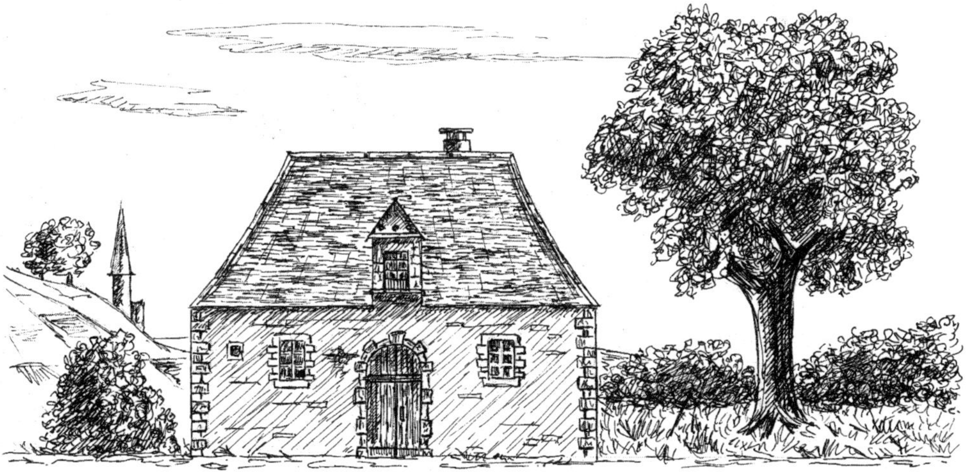

Que ce soit à la plume ou au crayon, les ombres apportent au dessin le relief nécessaire. On retrouve les notions de symétrie et d'ombres.

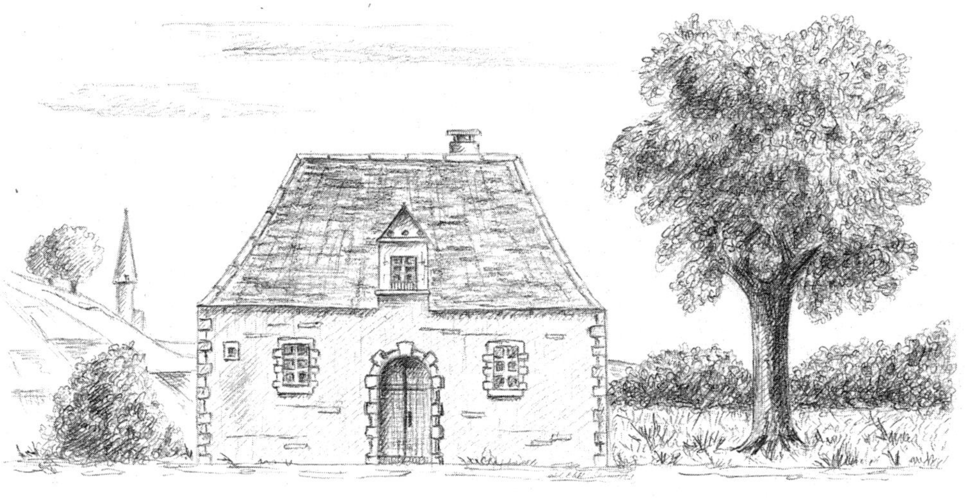

L'angle choisi ne fait pas intervenir la perspective dans le dessin de la maison.

LES PAYSAGES

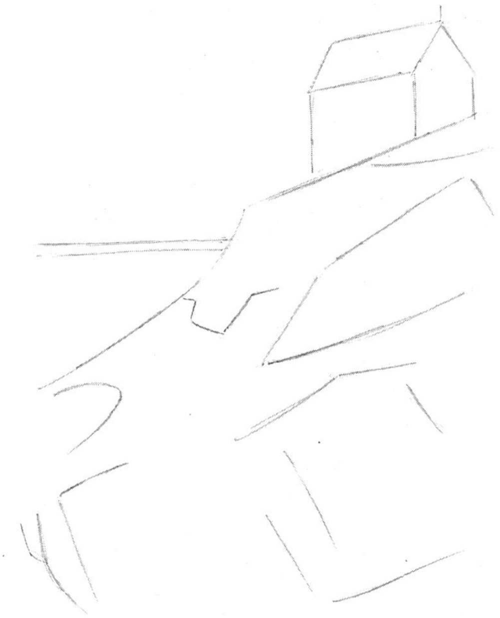

C'est autour de soi, dans la nature, en ville que l'on trouvera son modèle. Celui que nous proposons ici ne sert qu'à indiquer la manière de procéder.

Après avoir construit à grands traits les trois parties principales de ce paysage (l'horizon, la chapelle et la masse des rochers), des détails un peu plus précis sont ajoutés : les gros rochers ainsi que les zones d'ombre.

Tout ceci doit être exécuté sans trop appuyer la pointe du crayon afin que d'éventuelles rectifications puissent être apportées.

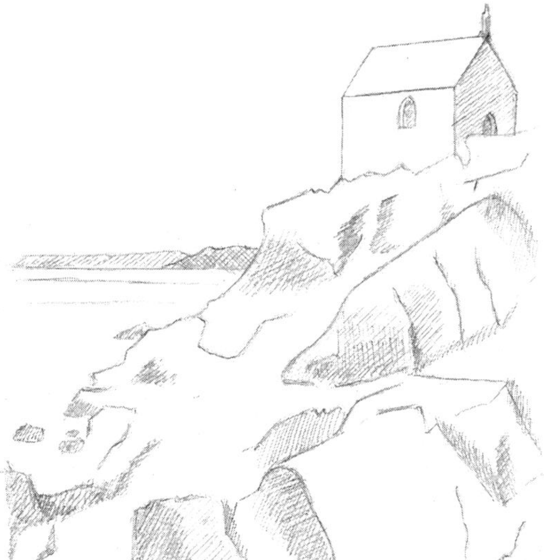

LES PAYSAGES

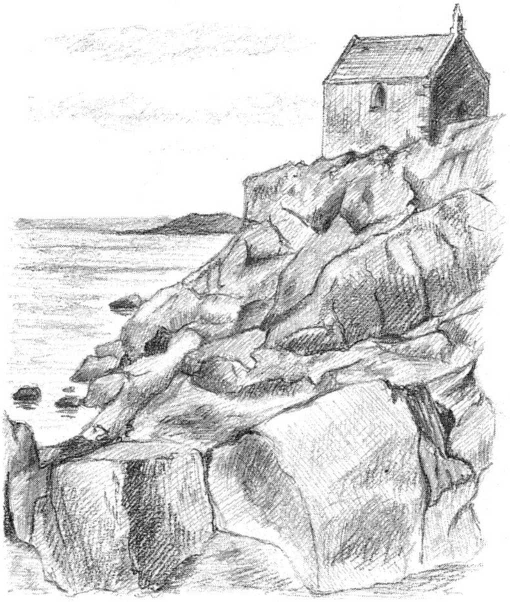

A partir de cette base solide, il devient possible d'aborder la phase finale. Le crayon permet d'obtenir différentes tonalités de gris qui donneront son relief au paysage.

Le même dessin réalisé à la plume offrira un résultat plus vigoureux.
Lorsque l'on maîtrise convenablement cette technique, il est possible de l'utiliser sans crayonnage préalable. Cependant, pour un début, il est prudent d'ébaucher légèrement son dessin au crayon.

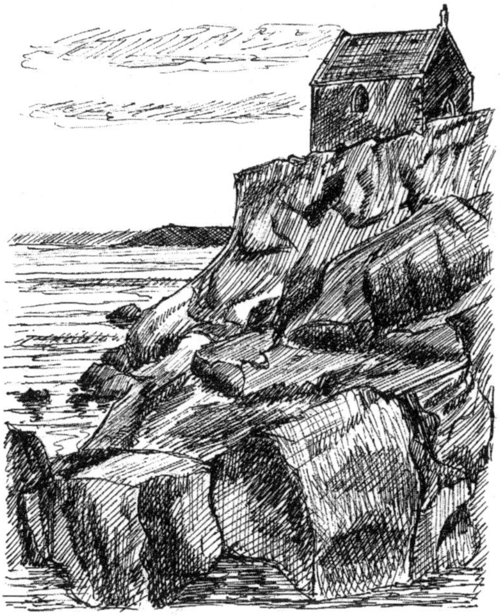

LES PAYSAGES

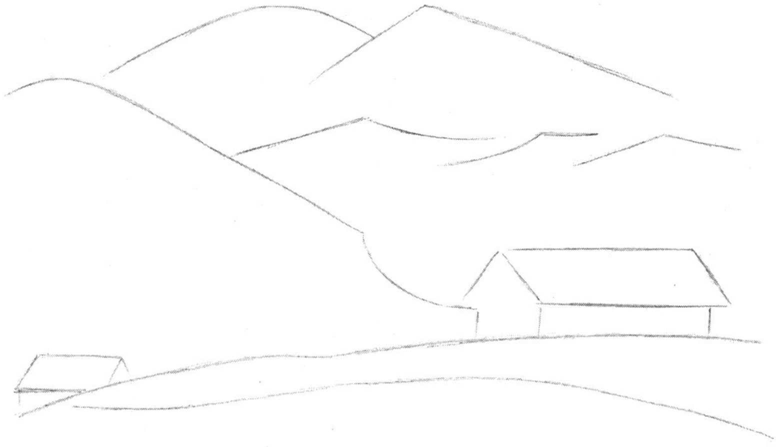

Pour ce paysage de montagne, il faut s'efforcer de ne voir au début que les lignes essentielles et d'oublier provisoirement les détails.

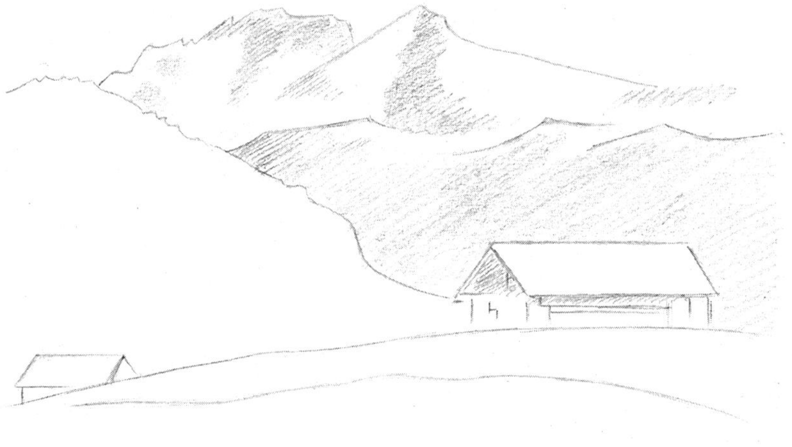

Les grandes zones d'ombre peuvent être ensuite indiquées.

LES PAYSAGES : LES GRIS

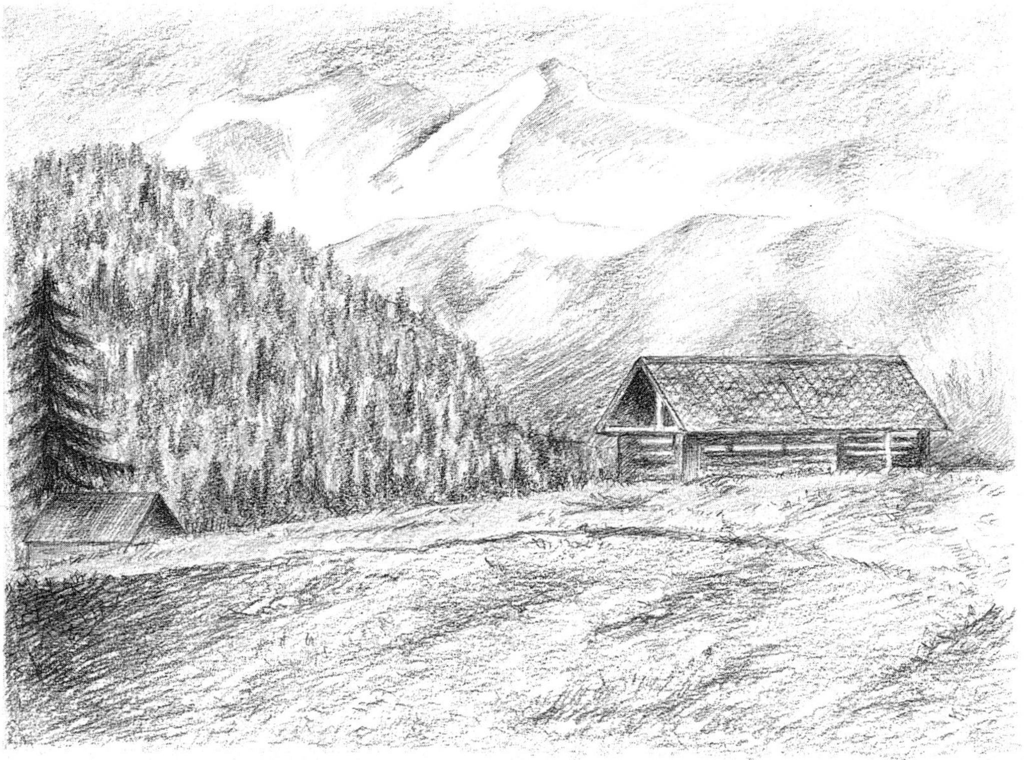

Les parties les plus lointaines de ce paysage sont dessinées avec moins de précision que les premiers plans.
Le trait est moins appuyé, ce qui donne une certaine profondeur.
Comment obtenir ces différentes nuances de gris?
Vous trouverez des indications à la page suivante.

LES PAYSAGES : LES GRIS

Les hachures formées de traits parallèles ou croisés sont rapidement exécutées en utilisant la pointe de la mine.
On les retrouve dans le dessin des toits et dans certaines parties du massif montagneux.

Les gris uniformes sont obtenus en plaçant la mine à plat. Une succession de lignes verticales — toujours réalisées avec la mine à plat — servira de base à la forêt de sapins.

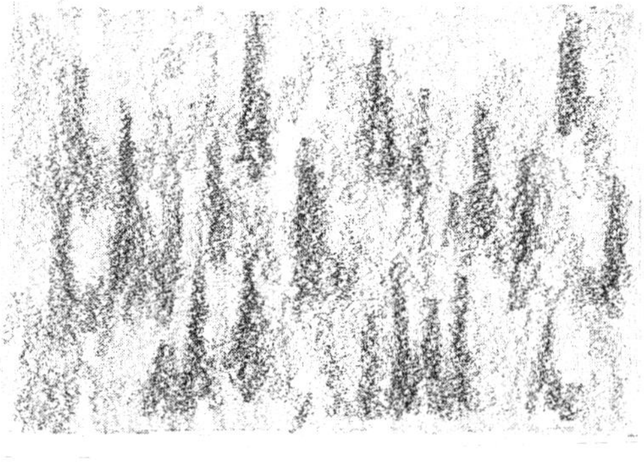

Elle sera achevée par la superposition de zones plus sombres rappelant la silhouette des arbres.

LES NATURES MORTES

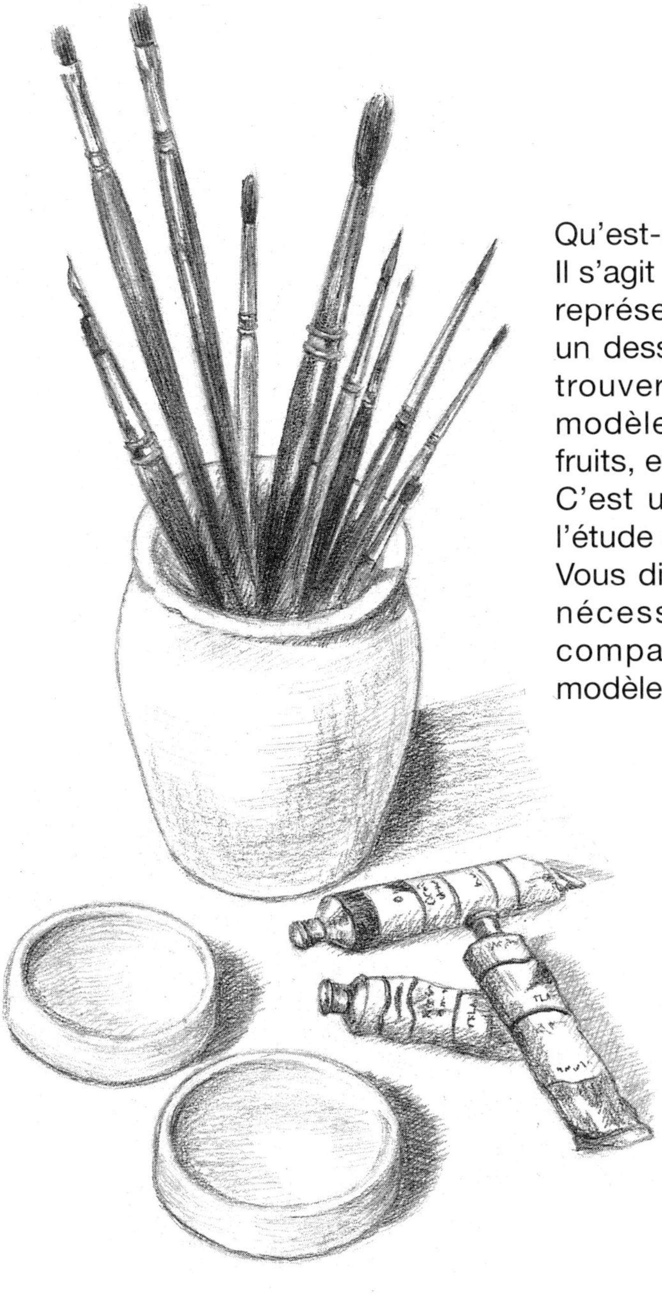

Qu’est-ce qu’une nature morte ?
Il s’agit d’un ou de plusieurs objets représentés dans un tableau ou un dessin. Vous pouvez aisément trouver chez vous de multiples modèles : vases, pots, étoffes, fruits, etc.
C’est un excellent exercice pour l’étude des formes.
Vous disposerez de tout le temps nécessaire pour regarder et comparer votre dessin à votre modèle.

LES NATURES MORTES

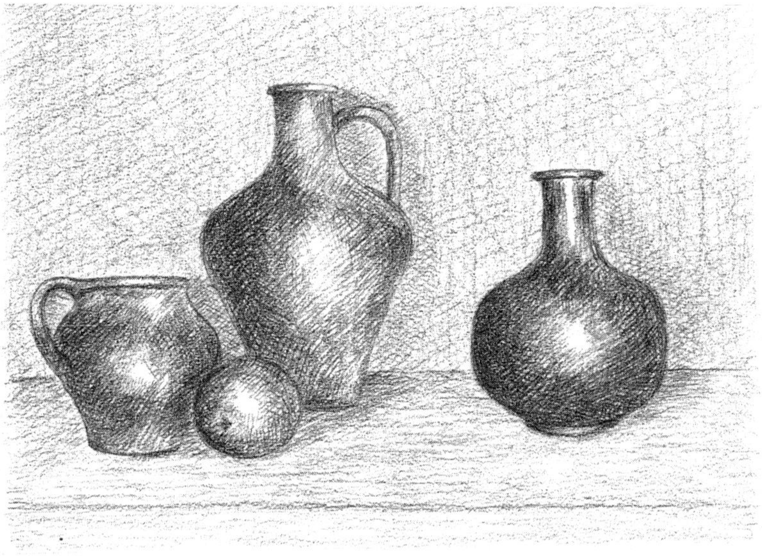

Voici des objets que l'on peut facilement trouver chez soi pour composer une nature morte. Comment parvenir à ce stade ?

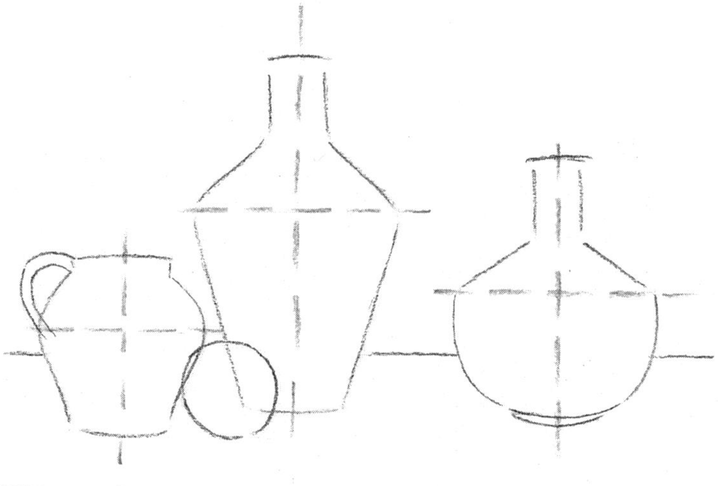

En premier lieu, «construire» son dessin dans ses grandes lignes, sans s'attacher aux détails mais en veillant au bon équilibre de l'ensemble. La notion de symétrie joue ici un rôle important.

LES NATURES MORTES

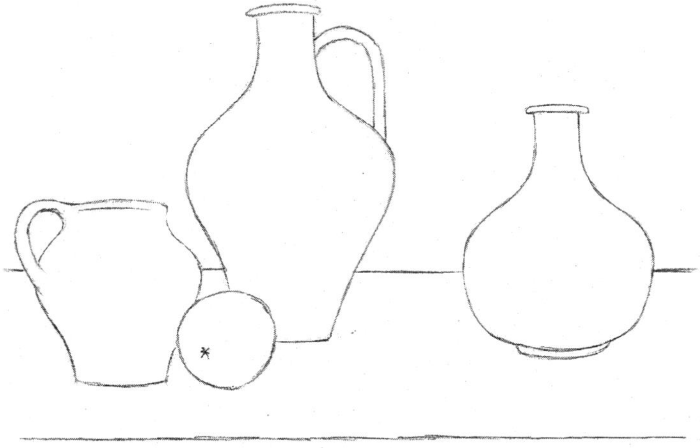

Affiner ensuite les contours, sans trop appuyer. Votre main doit rester «légère», il ne s'agit pas du dessin définitif.

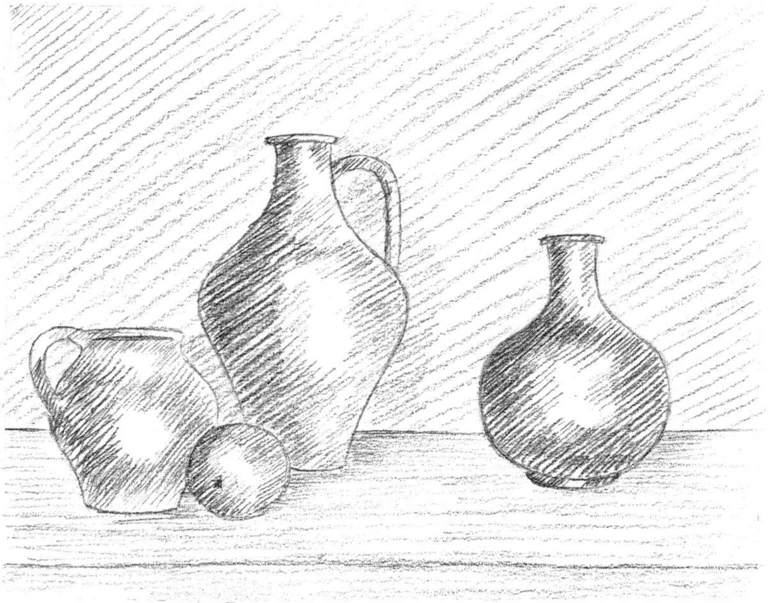

Indiquez enfin les principales zones d'ombre.

LES NATURES MORTES

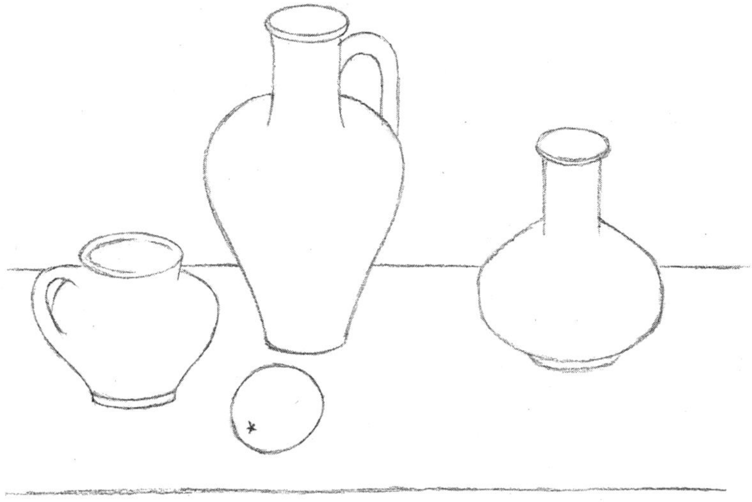

Il s'agit de la même composition vue sous un angle légèrement différent. La vue est plus «plongeante».

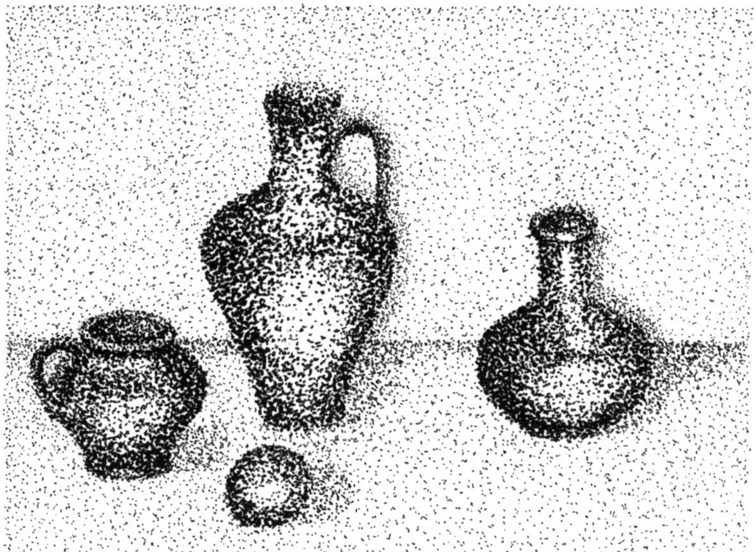

Les ombres sont obtenues par le procédé des pointillés. Le tracé au crayon sera gommé pour éliminer les contours et donner cette impression de flou.

LES VOITURES

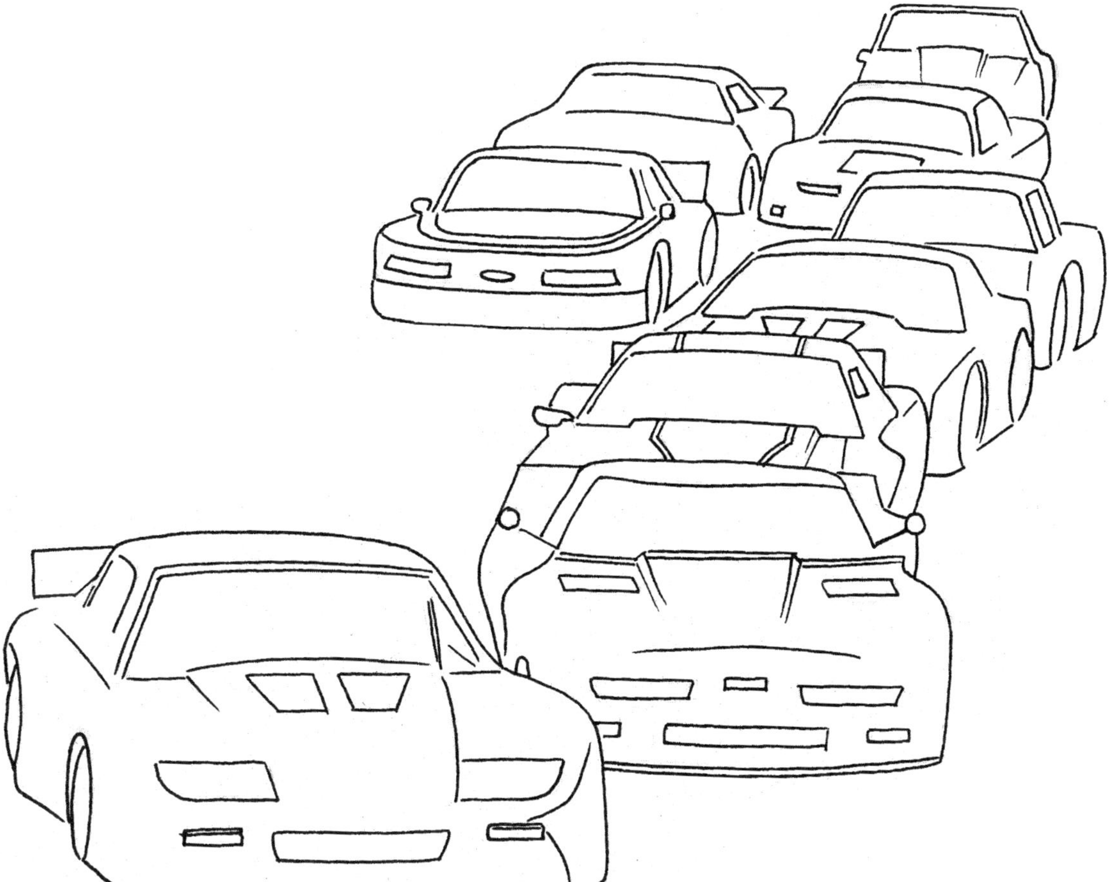

Les voitures semblent faciles à dessiner, avec leurs contours géométriques. Mais en fait elles présentent souvent des combinaisons de formes assez compliquées... et surtout, difficiles à transcrire sans mettre la belle machine dans l'impossibilité de rouler !

Comment bien dessiner une voiture ? Par où commencer ? C'est ce que nous allons vous montrer dans les pages suivantes.

LES VOITURES

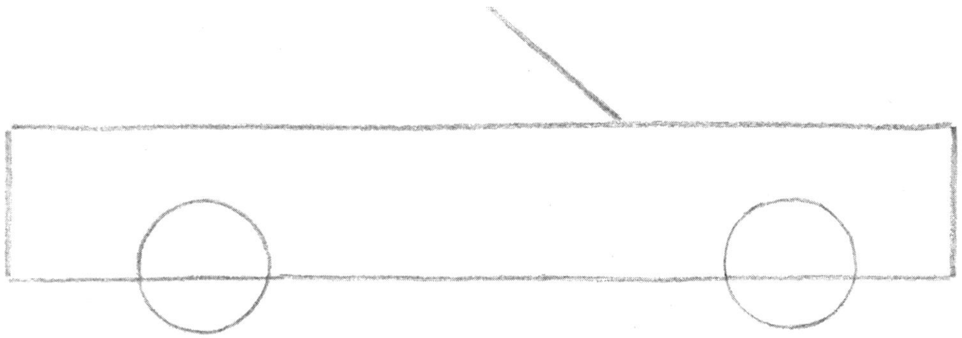

Quel que soit le sujet choisi, il est utile, dans un premier temps, de tracer les grandes lignes dans lesquelles il s'inscrit. Cette voiture, vue de profil, trouvera sa place dans un long rectangle.

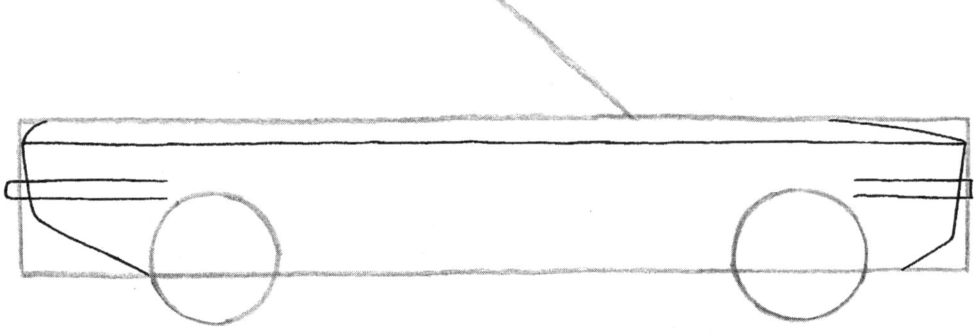

Deuxième étape : on précise la silhouette pour la rapprocher de sa forme réelle...

LES VOITURES

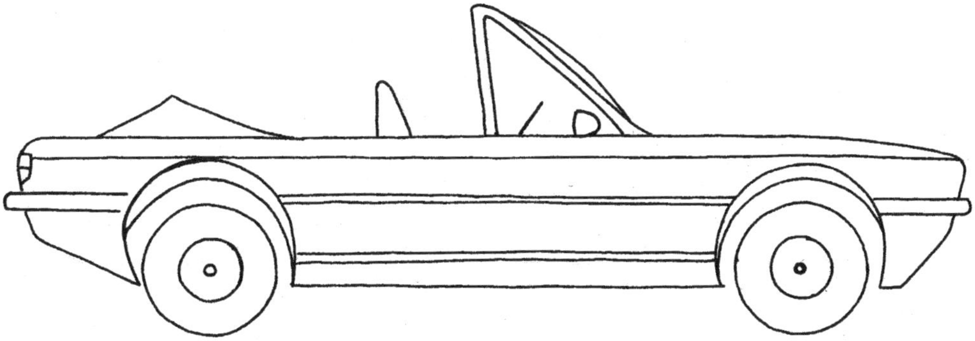

Troisième étape : la construction de la voiture étant achevée, on gomme le squelette sous le dessin.

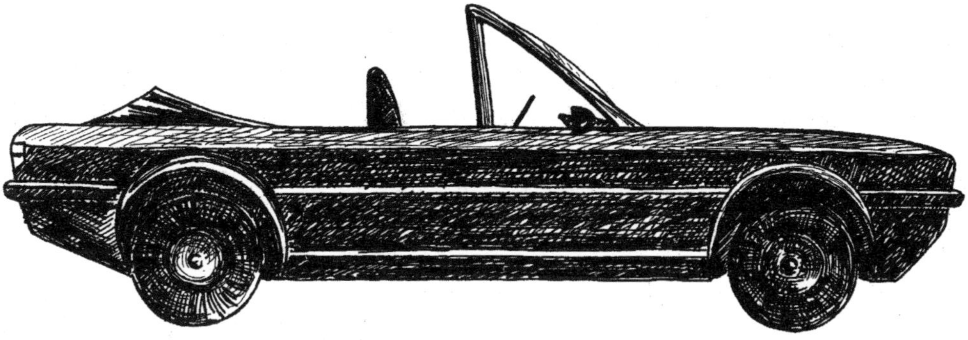

La touche finale peut être obtenue par un ensemble de hachures qui donne du relief à la voiture.

LES VOITURES 4X4

Voici le dessin achevé d'une voiture tout-terrain...
Pour parvenir à ce résultat, la progression est la même que précédemment.

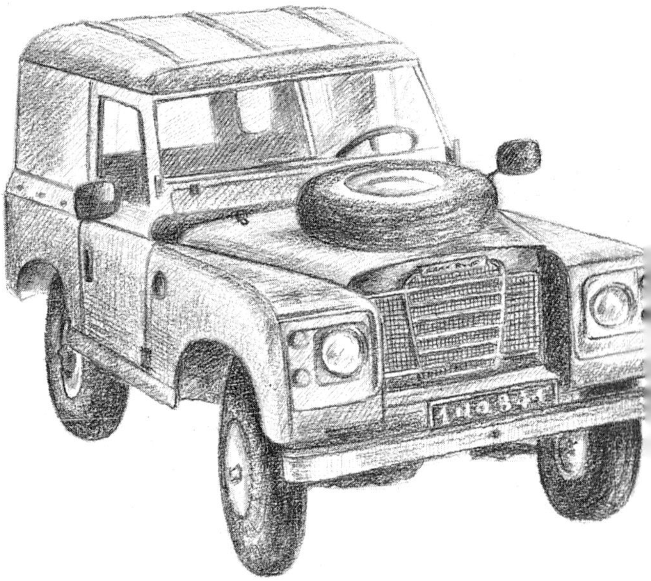

D'abord repérer les grandes lignes : chaque élément du dessin trouvera sa place à l'intérieur de la figure ci-contre.

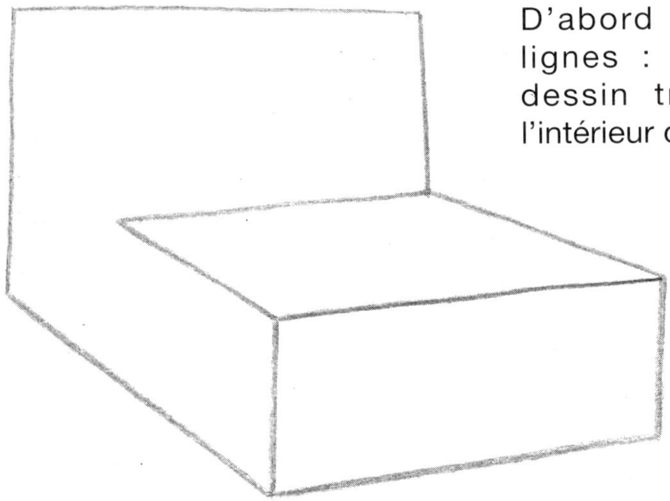

LES VOITURES 4X4

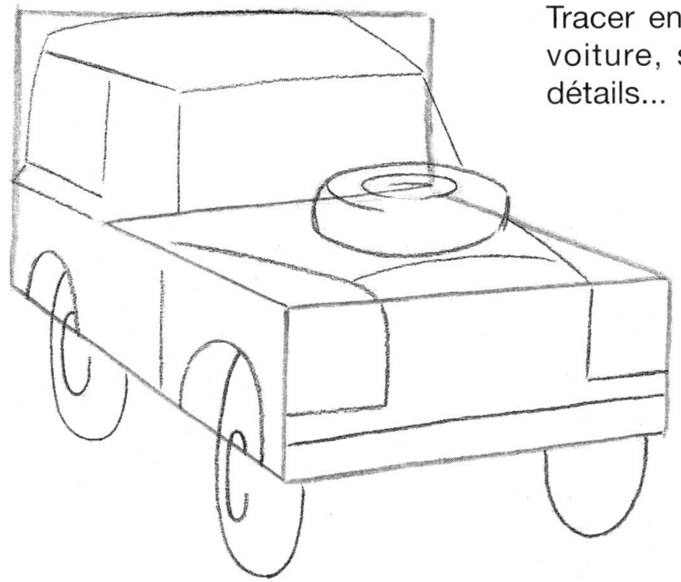

Tracer ensuite les contours de la voiture, sans s'attarder sur les détails...

Les détails viennent en dernier. Dans le cas de cette voiture ils sont très nombreux et précis, mais ils prennent place très facilement quand les bases du dessin sont bien établies.

Vous pouvez passer, alors, à la finition des ombres...

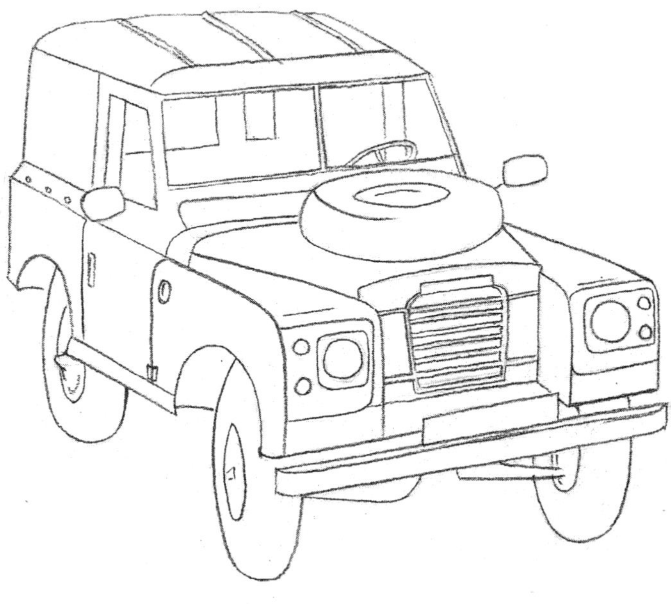

N° projet : 10113263 - Dépôt légal : Avril 2004
ISBN 2.09.250390.1
Loi du 16 juillet 1949 sur les publications destinées à la jeunesse
Imprimé en France chez Mame